# CONTEÚDO DIGITAL PARA ALUNOS
Cadastre-se e transforme seus estudos em uma experiência única de aprendizado:

**1** Entre na página de cadastro:
www.editoradobrasil.com.br/sistemas/cadastro

**2** Além dos seus dados pessoais e de sua escola, adicione ao cadastro o código do aluno, que garantirá a exclusividade do seu ingresso a plataforma.

1561678A8813340

**3** Depois, acesse: www.editoradobrasil.com.br/leb
e navegue pelos conteúdos digitais de sua coleção :D

*Lembre-se de que esse código, pessoal e intransferível, é valido por um ano. Guarde-o com cuidado, pois é a única maneira de você utilizar os conteúdos da plataforma.*

# Fé na vida

**ÉTICA E CIDADANIA**

MARGARIDA REGINA
DE ALMEIDA

JOSÉ DONIZETTI
DOS SANTOS

LUCAS MADSEN
DA SILVEIRA

Editora do Brasil

**Dados Internacionais de Catalogação na Publicação (CIP)**
**(Câmara Brasileira do Livro, SP, Brasil)**

> Almeida, Margarida Regina de
> Fé na vida : ética e cidadania, 9 / Margarida Regina de Almeida, José Donizetti dos Santos, Lucas Madsen da Silveira. -- 2. ed. -- São Paulo : Editora do Brasil, 2021. -- (Fé na vida)
>
> ISBN 978-65-5817-937-5 (aluno)
> ISBN 978-65-5817-938-2 (professor)
>
> 1. Cidadania (Ensino fundamental) 2. Ética (Ensino fundamental) I. Santos, José Donizetti dos. II. Silveira, Lucas Madsen da. III. Título IV. Série.
>
> 21-54953                  CDD-372.1

**Índices para catálogo sistemático:**
1. Ética e cidadania : Ensino fundamental    372.1

Maria Alice Ferreira - Bibliotecária - CRB-8/7964

© Editora do Brasil S.A., 2021
Todos os direitos reservados

**Direção-geral:** Vicente Tortamano Avanso

**Direção editorial:** Felipe Ramos Poletti
**Gerência editorial:** Erika Caldin
**Supervisão de arte:** Andrea Melo
**Supervisão de editoração:** Abdonildo José de Lima Santos
**Supervisão de revisão:** Dora Helena Feres
**Supervisão de iconografia:** Léo Burgos
**Supervisão de digital:** Ethel Shuña Queiroz
**Supervisão de controle de processos editoriais:** Roseli Said
**Supervisão de direitos autorais:** Marilisa Bertolone Mendes

**Supervisão editorial:** Júlio Fonseca
**Edição:** Andressa Pontinha
**Auxílio editorial:** Douglas Bandeira
**Especialista em copidesque e revisão:** Elaine Cristina da Silva
**Copidesque:** Gisélia Costa, Ricardo Liberal e Sylmara Beletti
**Revisão:** Amanda Cabral, Andréia Andrade, Fernanda Sanchez, Flávia Gonçalves, Gabriel Ornelas, Mariana Paixão, Martin Gonçalves e Rosani Andreani
**Pesquisa iconográfica:** Elena Molinari e Enio Lopes
**Assistência de arte:** Daniel Campos Souza
**Design gráfico:** Megalo Design
**Capa:** Megalo Design
**Imagem de capa:** Megalo Design
**Edição de arte:** Patricia Ishihara
**Ilustrações:** Cibele Queiroz, Laerte Silvino, Leonardo Conceição e Ricardo Ventura
**Editoração eletrônica:** Adriana Tami Takayama, Bruna Pereira de Souza, Camila Suzuki e Gilvan Alves da Silva
**Licenciamentos de textos:** Cinthya Utiyama, Jennifer Xavier, Paula Harue Tozaki e Renata Garbellini
**Controle de processos editoriais:** Bruna Alves, Carlos Nunes, Rita Poliane, Terezinha de Fátima Oliveira e Valeria Alves

2ª edição / 4ª impressão, 2023
**Impresso na Meltingcolor** Gráfica **e Editora Ltda**

Rua Conselheiro Nébias, 887
São Paulo/SP – CEP 01203-001
Fone: +55 11 3226-0211
www.editoradobrasil.com.br

# Querido estudante,

Foi com muito carinho e cuidado que preparamos este livro para você.

Nossa caminhada ao longo deste ano será uma grande aventura em busca de novos aprendizados. Sua juventude está apenas começando. Lembre-se: você é o principal responsável pela construção de sua própria história.

Cada diálogo deste livro foi planejado para ajudar você a entender que o **cuidado** consigo mesmo e com os outros é importante para nos tornarmos seres humanos melhores e mais felizes. Queremos encorajá-lo a assumir sua responsabilidade na missão de tornar o mundo melhor: justo, fraterno, solidário, um lugar bom para viver.

Vamos, juntos, aprender a cuidar de nós mesmos, dos outros, de nosso planeta e da vida.

Desejamos sucesso nesta caminhada.

*Um abraço carinhoso,*
*Margarida, Donizetti e Lucas*

# Conheça os autores

## Margarida Regina de Almeida

- Pós-graduada em Metodologia do Ensino Fundamental e Médio
- Licenciada em Pedagogia
- Licenciada em Desenho e Artes Plásticas

## José Donizetti dos Santos

- Filósofo e educador
- Especialista em Neurociência na Educação
- Instrutor sênior de Meditação Mindfulness
- Diretor de escola da rede particular de ensino

## Lucas Madsen da Silveira

- Mestre em História e Culturas Políticas
- Licenciado em História
- Professor de História e Educação para a Vida

## A MAGIA DA VIDA

Possamos ser espontâneos e leves. Suaves e transparentes.
Moderados, corajosos e humildes na compaixão.
A magia da vida está na simplicidade das pequenas coisas!

Possamos ser amorosos e justos. Alegres e plenos de esperança.
Cordiais, gentis e carinhosos na amizade.
Gratos, atenciosos e serenos ao tomar decisões.
A magia da vida está na simplicidade das pequenas coisas!

Possamos ser generosos e prudentes.
Sensíveis e cuidadosos. Únicos e pacíficos.
Inquietos e eternos aprendizes durante a travessia.
A magia da vida está na simplicidade das pequenas coisas!

*José Donizetti dos Santos*

# SUMÁRIO

## PRIMEIRO MOMENTO

**Valores essenciais para a realização pessoal** 08

**01 DESCOBRINDO A SI MESMO** .................................................. 10
    Autoconhecimento e realização pessoal .................................. 10

**02 A CONSCIÊNCIA DO CUIDADO** .............................................. 21
    Desenvolvimento da consciência ............................................. 21

**03 O PODER DO PENSAMENTO** ................................................ 28
    Formas de cuidado com os próprios pensamentos ................ 28

**04 CONQUISTA DA LIBERDADE** ................................................ 36
    O que é ser livre? ...................................................................... 36

**05 LIDERANDO A SI MESMO** .................................................... 44
    Ser dono de si ........................................................................... 44

**REVIVENDO OS DIÁLOGOS** ....................................................... 52

## SEGUNDO MOMENTO

**Cuidado com o outro: convivência** 54

**06 CUIDADO EM FAMÍLIA** ......................................................... 56
    Família: alicerce do convívio .................................................... 56

**07 O CUIDADO NA ESCOLA** ..................................................... 63
    Templo do aprendizado ............................................................ 63

**08 APREENDER PARA APRENDER** ............................................ 71
    O aprendizado é um processo ................................................. 71

**09 CONSTRUINDO A EMPATIA** ................................................. 79
    Compartilhando sentimentos ................................................... 79

**10 O RESPEITO ÀS DIFERENÇAS** .............................................. 86
    Convivência e tolerância ........................................................... 86

**REVIVENDO OS DIÁLOGOS** ....................................................... 94

# TERCEIRO MOMENTO

## O cuidado com o meio ambiente   96

**11** UM NOVO MODO DE VIVER .................... 98
   Pensando a Ecologia ............................ 98

**12** CONSCIÊNCIA PLANETÁRIA ................ 106
   Consciência planetária ........................ 106

**13** HÁBITOS × QUALIDADE AMBIENTAL ... 113
   Sobre nossos hábitos ........................... 113

**14** A GRANDEZA DA TERRA ...................... 118
   As relações ecológicas ........................ 118

**15** PROJETO DE VIDA ............................... 127
   Sentido da vida ................................... 127

**REVIVENDO OS DIÁLOGOS** .................. 134

# QUARTO MOMENTO

## Cuidado e valorização da vida   136

**16** AFETIVIDADE E SEXUALIDADE ............ 138
   A afetividade e o cuidado .................... 138
   Conhecimento é poder! ....................... 139
   Sexualidade e responsabilidade .......... 140
   Sexualidade e autocuidado ................. 142

**17** O RESPEITO E A VALORIZAÇÃO DA VIDA ... 148
   Os mistérios da vida ............................ 148

**18** PERDA, UMA REALIDADE .................... 156
   Convivendo com a perda ..................... 156

**19** AMOR: ESSÊNCIA DA VIDA .................. 163
   Amar é cuidar ..................................... 163

**20** GRATIDÃO: CELEBRAÇÃO DA VIDA ..... 169
   Ser grato ............................................. 169

**REVIVENDO OS DIÁLOGOS** .................. 174

## Primeiro Momento

# Valores essenciais para a realização pessoal

Não há como dispensar amor e cuidado para o que não conhecemos. É necessário, portanto, o autoconhecimento para que haja amor e, consequentemente, o cuidado de si mesmo. O cuidado consigo é o princípio de uma vida saudável e mais feliz. É fundamental entendermos o autoconhecimento e o autocuidado como base tanto para a saúde do corpo e da mente quanto para uma convivência mais harmônica em casa, na escola e em qualquer lugar.

Por isso, perguntamos: O que você tem feito para se conhecer melhor? E o que você tem feito para cuidar melhor de si mesmo? Isso é fundamental para sua realização pessoal.

DIÁLOGO 01

# Descobrindo a si mesmo

▶ O autoconhecimento nos coloca frente a frente com a oportunidade de crescimento e conquistas. Quem conhece a si mesmo lida melhor com os desafios da vida.

## Autoconhecimento e realização pessoal

A busca pelo autoconhecimento já era algo corrente na Antiguidade entre filósofos e pensadores como Sócrates, Lao-Tsé e Confúcio. Mas vivemos numa época que lança os próprios desafios para a descoberta de nossa personalidade e de nossos valores. Se no passado as pressões familiares, as normas duras do Estado ou a intolerância religiosa dificultavam esse processo, hoje estamos expostos a várias sugestões das mídias (jornais, propagandas, revistas, *blogs*, redes sociais etc.) sobre como devemos ser, o que devemos pensar, como devemos nos vestir e nos portar em público.

Acreditamos viver em uma época de plena liberdade e, por isso mesmo, sempre ouvimos que precisamos buscar a "realização". Na Antiguidade e na Idade Média, essa expressão não faria sentido, pois a cada pessoa caberia apenas seguir a profissão que seu pai ensinou, dando continuidade às tarefas que a família realizou, geração após geração. Mas, se hoje podemos escolher nossa profissão e credo religioso, nossas roupas e nossos empregos, precisamos de muito cuidado para não nos deixarmos levar pelos sonhos e expectativas dos outros.

## Autenticidade e realização

Podemos dizer que existe uma relação muito próxima entre autenticidade e realização. Se você explorar, por um tempo, o que é dito na internet e na televisão, talvez perceba que algumas ideias de realização aparecem com mais força do que outras. Por exemplo, frequentemente o sucesso é identificado com uma casa luxuosa, um carro potente, um corpo magro e a possibilidade de viajar pelo mundo. Esse padrão é repetido em filmes, jogos e propagandas. Não queremos dizer que qualquer uma dessas coisas não possa contribuir para sua felicidade, mas convidamos você a se fazer a pergunta: O que realmente pode contribuir para eu ser mais alegre, mais realizado e mais feliz?

▶ A felicidade é resultado da autoaceitação – saber rir da própria companhia e aproveitá-la – e da apreciação da companhia do outro.

Por exemplo, um carro potente e uma roupa de marca podem passar boa impressão para a família e para os amigos, mas podem ser também motivo de preocupação e insegurança. Não seria melhor, para sua realização, investir em sua saúde, seu aprendizado e sua qualidade de vida, em vez de investir em objetos de luxo e assessórios da moda? Converse com os colegas sobre esse assunto.

▶ A vida em família é uma importante oportunidade para o autoconhecimento e a vivência da autenticidade.

**Primeiro Momento** | Valores essenciais para a realização pessoal  **11**

## PARA LER E REFLETIR

# Autoconhecimento, experiências e realização

Para ajudar a definir o que é "realização" e o que é "autorrealização" – sentir-se realizado de uma maneira autêntica –, é muito importante conhecer e ter experiência. É fazendo viagens que você descobrirá se gosta de viajar, se isso lhe causa uma sensação de completude. É experimentando tarefas diferentes e criativas que você saberá qual tipo de emprego lhe trará mais felicidade. Da mesma forma, é se relacionando com as pessoas que você descobrirá que tipo de amizade quer por perto, se deseja construir um núcleo familiar e como gostaria que ele fosse.

▶ Apenas tendo novas experiências, visitando novos lugares e se dispondo a executar tarefas diferentes você será capaz de descobrir do que gosta e do que não gosta. Na fotografia, a jovem aproveita um passeio por Paris e fotografa a Torre Eiffel.

Por fim, chamamos a atenção para o fato de que nem todos os incentivos para buscar a realização pessoal, de uma forma ou de outra, vêm de fora. Por falta de autoestima ou criatividade, buscamos excessivamente inspiração nos outros e, como o outro tem outras características, outros sonhos e outras possibilidades para alcançá-los, isso pode se tornar motivo de frustração para nós.

Um exemplo: digamos que você tenha um colega que é muito bom em futebol, o que o torna popular e querido por outros colegas, e tudo que você deseja é jogar tão bem quanto ele. Apesar disso, por mais que você se esforce e treine, não consegue chegar ao mesmo nível. Isso pode acontecer por várias razões: você pode não ter tanto tempo para treinar quanto ele, a atividade pode não lhe dar o mesmo prazer que você sente com outras tarefas ou simplesmente ele pode ter mais habilidade com a bola do que você – é uma questão de aptidão. Por causa de sua frustração, você passa a sentir inveja, sem perceber que poderia direcionar sua energia para se aprimorar em outra atividade de que realmente gosta e para a qual tenha habilidade, como tocar um instrumento musical.

▶ Conhecer a si mesmo é um desafio; a prática de atividades físicas e a vivência com as artes podem nos dar pistas dos nossos gostos, potenciais, e até de alguns talentos.

Portanto, o autoconhecimento é fundamental para que seja possível tomar decisões certas e seguras, que realmente lhe trarão alegria e realização, e não sentimento de frustração.

## MOMENTO de PROSA

**01** O que significa para você a realização pessoal?

**02** Por que o autoconhecimento é tão importante para a realização pessoal?

**03** Quais valores humanos contribuem para a realização pessoal?

## PARA LER E REFLETIR

[...]

Viver em **consonância** com a pessoa que sou é a única maneira de alcançar uma autorrealização saudável. A **autenticidade** me permite determinar uma identidade pessoal e estabelecer relações humanas **genuínas**.

[...] A vida de qualquer coisa ou pessoa pertence a ela mesma. Outros podem afetar, como realmente afetam, o ambiente em que as **potencialidades** se desenvolvem. Mas, no processo de crescimento, apenas o indivíduo pode determinar sua direção e as verdades de seu mundo. Ternura, carinho e reconhecimento afetam a pessoa no desenvolvimento de sua **unicidade** e enriquecimento do eu; mas, em última análise, só ela é responsável pela pessoa que escolhe ser e pela maneira como realiza suas potencialidades.

[...] Cada indivíduo incorpora a qualidade de ser único, uma realidade que o torna diferente de qualquer outra coisa ou pessoa. E é este o desafio maior e a responsabilidade suprema de cada ser humano: manter sua unicidade diante de ameaças, pressões e padrões inconstantes. Numa experiência criativa, a percepção é única; há um senso de **inteireza**, unidade e contato consigo mesmo. Nesses momentos, o homem mergulha no mundo – explorando, expressando-se espontaneamente e encontrando satisfação por ter raízes na própria vida como uma pessoa inteira. Quando o homem se relaciona intimamente com a vida, não se limita a alcançar metas específicas, nem se **confina** a direções, instruções e regras, nem se deixa reprimir por técnicas e respostas condicionadas. Ele é livre, aberto, direto; vai em direção à vida com todos os requisitos únicos de cada situação que surge à sua frente. Sem estar presa ao passado ou limitada ao presente, a pessoa criativa **transcende** os limites da história e do tempo, descobre novas **facetas** de si mesma e se relaciona às **demandas** da existência de novas maneiras.

**Autenticidade:** qualidade de quem é autêntico, verdadeiro, original.

**Confinar:** limitar, prender, enclausurar.

**Consonância:** concordância, acordo, conformidade.

**Demanda:** ação ou resultado de demandar, buscar; procura.

**Faceta:** no texto, particularidade de alguém ou de alguma coisa.

**Genuíno:** puro, legítimo, verdadeiro.

**Inteireza:** unidade, integridade.

**Potencialidade:** caráter que existe em potencial, ou seja, que pode ser desenvolvido, que tem capacidade para se tornar real.

**Transcender:** estar ou ir além de algo; ultrapassar; distinguir-se, destacar-se.

**Unicidade:** qualidade ou fato de ser único.

---

[...] A espontaneidade é um dos componentes da individualidade.

Envolve certa dose de imaginação, ousadia, risco e aperfeiçoamento do eu; permite que o indivíduo se lance a novos territórios, tente novas experiências e se aventure pelo desconhecido. Em momentos de espontaneidade, a pessoa apenas se deixa levar, livre, inteira. É como um pintor diante da tela, como um músico criando seu tema ou como uma criança que se atira ao mundo das formas, cores e movimentos.

MOUSTAKAS, Clark E. *Descobrindo o eu e o outro*. Belo Horizonte: Crescer, 1995. p. 25 e 29-31.

**1.** Quais são os riscos de buscar a autorrealização sem ter um bom autoconhecimento?

**2.** Qual é a importância da experiência para o autoconhecimento e a autorrealização?

**3.** O texto fala sobre um sentimento de inteireza, de contato consigo mesmo, de unidade, espontaneidade e satisfação. Você já viveu esses sentimentos? Em qual situação?

**4.** A espontaneidade é um dos componentes da individualidade. Como você entendeu essa frase?

Primeiro Momento | Valores essenciais para a realização pessoal

## AMPLIANDO O CONHECIMENTO
*Orientação vocacional*

▶ Um bom direcionamento no período pré-vestibular serve de suporte para o aluno quando ele tiver de tomar decisões sobre seu futuro. Alunos assistindo aula no Cursinho Anglo, São Paulo (SP).

Neste diálogo conversamos bastante sobre autorrealização, e, daqui a alguns anos, você passará por um momento desafiador de decisão. Terá de escolher um curso, procurar um emprego (até mesmo decidir as duas coisas juntas) e começará a trilhar os primeiros passos na direção de uma escolha profissional. Comece hoje a criar condições para que essa escolha seja a melhor possível e para que sua decisão seja tomada com conhecimento de causa e bastante critério.

▶ A orientação vocacional auxilia na autodescoberta e na possibilidade de uma escolha mais eficaz e duradoura.

Para isso, você deverá aproveitar ao máximo as experiências que lhe serão oferecidas nos próximos anos. Tente fazer coisas diferentes: pratique outros tipos de esporte, tente aprender a tocar um instrumento, experimente suas habilidades artísticas, leia livros de diferentes autores, sobre vários assuntos! Se puder, viaje também: conheça novas cidades e procure saber um pouco de sua história! Não deixe de conhecer outras pessoas:

procure saber mais coisas sobre o mundo, ouvir opiniões dos outros, sobre o que fazem e o que fizeram no passado. Um exercício que pode ser muito útil é conversar com seus pais, tios e avós sobre o cotidiano da profissão deles. Será uma rica troca de experiências. Procure ainda entender como são feitas as coisas que estão ao seu redor: as lâmpadas, os carros, os relógios, os aplicativos de celular, os programas de computador... Enfim, procure descobrir os segredos do mundo que o cerca.

Aos poucos, perceberá novas formas de ver o mundo, descobrirá coisas de que gosta, mas que antes não conhecia. Ao mesmo tempo, poderá também perceber que atividades que você já fazia eram muito mais prazerosas do que você imaginava! Daqui a alguns anos, quando lhe fizerem perguntas sobre o que o faz feliz, quem sabe você poderá responder: "Tudo que faço me faz feliz e realizado, porque tudo foi escolhido com muito critério, levando em conta quem sou eu, meu potencial, meu autoconhecimento e, portanto, minha felicidade e minha realização pessoal".

**1.** Você já conversou com seus pais a respeito de carreira e profissões? Como foi essa conversa?

**2.** O que você tem feito de positivo para se preparar para um futuro promissor?

**3.** Formem duplas de acordo com as orientações do professor. Conversem sobre quais são suas expectativas para o futuro e compartilhem com a turma.

**Primeiro Momento** | Valores essenciais para a realização pessoal

# PARA LER E REFLETIR

O que exigem de nós hoje em dia
é que mergulhemos
na incerteza
onde o novo se torna velho a cada dia,
e o familiar nos é desconhecido.
É que mergulhemos
no que há de mais humano
num lugar onde os seres vivos pereceram
e a música que lhes deu significado
está presa, lacrada.
O que pedem de nós, hoje em dia
é que quebremos
nossas cavernas fechadas
e encontremos uns aos outros.
Nada além irá curar o espírito ferido,
nem libertar o coração para encontrar o amor.

BAUGHAN, Raymond John. [Sem título]. In: MOUSTAKAS, Clark E. *Descobrindo o eu e o outro*. Belo Horizonte: Crescer, 1995. p. 109-110.

**1.** Como você interpreta a seguinte frase: "O que pedem de nós, hoje em dia, é que quebremos nossas cavernas fechadas e encontremos uns aos outros"?

**2.** O poema fala sobre a constante mudança, sobre o novo se tornar velho rapidamente. Como você enxerga isso em sua vida?

## MOMENTO DE REFLEXÃO

**1.** Assinale as alternativas que apresentam processos de realização pessoal.

**a)** ( ) Estudei muito para ser um bom médico, por isso consegui fazer residência em um hospital bem conceituado e consegui um bom emprego.

**b)** ( ) Uso todos os produtos de beleza que me indicam para que eu possa ter uma boa aparência e, assim, conseguir um emprego rapidamente.

**c)** ( ) Eu cuidei bem da minha saúde e da minha convivência cotidiana com meus colegas e familiares, pratiquei muito esporte e realizei o sonho de ser um jogador de basquete.

**d)** ( ) Eu fui um bom filho e cooperei para que o ambiente da minha casa fosse sempre harmonioso e alegre. Hoje vejo minha família feliz, crescendo unida e cada um se realizando do seu jeito.

**e)** ( ) Sou um aluno que, além de estar sempre presente nas aulas, sou dedicado, atencioso, faço meus deveres com responsabilidade, sou muito observador e leio tudo que posso para me informar e aumentar meus conhecimentos.

**f)** ( ) Frequento sempre os mesmos ambientes dos meus amigos, seguindo tudo que me falam para fazer. Assim, tenho certeza de que serei querido na escola.

**2.** Em seu caderno, registre exemplos de pressões e padrões que podem ameaçar nossa unicidade.

**3.** De acordo com o texto, o que é ser espontâneo?

**4.** Como você entende a relação entre autenticidade e autorrealização?

**5.** Quais são os riscos de buscar a autorrealização sem ter um bom autoconhecimento?

**6.** Qual é a importância da experiência para o autoconhecimento e a autorrealização?

## PENSE NISSO

Viver não é encontrar a si mesmo. Viver é criar a si mesmo.

George Bernard Shaw

## COMPROMISSO DA SEMANA

O autor Clark E. Moustakas afirma que a espontaneidade é um dos componentes da individualidade e, em momentos de espontaneidade, a pessoa apenas se deixa levar, livre, inteira, como um pintor diante de uma tela. É o que você fará como compromisso desta semana. Use uma folha de papel A4 para expressar quem você é por meio de um desenho e de um pequeno texto. Traga na próxima aula o que você produziu e apresente aos colegas.

## MEUS PENSAMENTOS

*Anote aqui o que mais marcou você durante as reflexões deste diálogo. É possível que tenha sido uma ideia, um desejo, um sentimento, uma descoberta, uma proposta...*

*Caso queira, aproveite a oportunidade e ilustre seus sentimentos.*

# DIÁLOGO 02
# A Consciência do cuidado

▶ É preciso ter consciência da responsabilidade do cuidado com o próximo.

## Desenvolvimento da consciência

Uma pessoa consciente é aquela que é responsável por seus atos, que não age com negligência. Para nos comprometermos com nosso cuidado e bem-estar, precisamos ter plena consciência do que é nossa responsabilidade, ou seja, do que depende de nós.

Podemos dizer que estamos conscientes quando somos capazes de pensar, agir, observar e interagir, de maneira saudável, com o mundo exterior. Justamente por isso, consciência também se refere à nossa capacidade de julgar os próprios atos e à nossa tranquilidade moral em relação a algo que fizemos ou deixamos de fazer.

Quando falamos em "ter consciência", estamos pensando no sentido de perceber ou notar algo que antes não nos tinha chamado a atenção. Assim, se em um primeiro momento alguém se sente plenamente à vontade com um hábito – por exemplo, abusar do álcool em festas –, no momento seguinte pode perceber que, no estado de embriaguez, torna-se uma pessoa desagradável e, às vezes, agressiva com quem está ao redor. Nessa hora, talvez sinta a "consciência pesada" e prometa não mais se embebedar.

**Primeiro Momento** | Valores essenciais para a realização pessoal    **21**

# A importância da consciência para o cuidado

Quando falamos da consciência sobre o cuidado, há duas coisas que precisam ser notadas. Primeiramente, o cuidado que o mundo espera de nós. Trata-se de perceber quem são as pessoas próximas que precisam de nosso cuidado, bem como quais são as formas de cuidado que podemos oferecer. Assim, precisamos ter consciência sobre quais são os cuidados necessários em relação aos amigos, à família, a nossa escola ou à vida de um animal ou planta sob nossa responsabilidade. Tendo esse tipo de consciência, podemos avaliar onde e com quem estamos faltando com nossa responsabilidade e nos comprometermos com o cuidado do que está à nossa volta.

Precisamos avaliar também se temos vivido nossa espiritualidade de maneira proveitosa. A vida espiritual merece atenção constante para que nossos princípios e valores sejam mantidos vivos. Refletir sobre nossa espiritualidade nos ajuda a desenvolver um valor essencial: a gratidão. Quando pensamos no cuidado conosco, refletimos sobre nossas necessidades e conquistas; vemos que, ao nosso redor, há várias pessoas que também cuidam de nós. Temos consciência de nossa interdependência percebendo que o outro nos alimenta, nos diverte, nos ensina e compartilha conosco o afeto e os momentos de tristeza e de alegria.

Ter consciência sobre o cuidado é se perguntar: De que cuidado cada pessoa precisa? Como posso melhorar minha forma de demonstrar que me importo com os outros? Como posso ser mais cuidadoso? Como posso agradecer às pessoas que me ajudam e cuidam de mim?

Aos poucos você perceberá que gestos, palavras, sentimentos, presença e ausência, hábitos e atitudes, atenção... tudo pode receber alguma forma de cuidado. E é isso que faz a diferença.

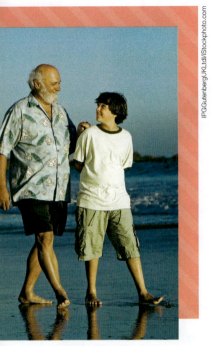

▶ Passar tempo com pessoas mais velhas possibilita uma rica troca de experiências e muito aprendizado.

▶ A cultura familiar é permeada por valores culturais e, muitas vezes, religiosos. É muito importante compreender que essa cultura faz parte da nossa identidade.

▶ Aprendemos a nos cuidar, pois um dia fomos cuidados. A referência de cuidado e amor nos ajuda a formar nossa autoconsciência.

## MOMENTO de PROSA

**01** Troque ideias com a turma sobre o que é ser uma pessoa consciente.

**02** O que significa a expressão "consciência pesada"?

**03** Você considera o cuidado com a espiritualidade um ponto positivo? Por quê?

## PARA LER E REFLETIR

Veja o que diz Leonardo Boff sobre os vários conceitos de cuidado.

O primeiro é o seguinte: "Cuidado é uma atitude de relação amorosa, suave, amigável, harmoniosa e protetora para com a realidade pessoal, social e ambiental".

[...]

O segundo sentido é este: "O cuidado é todo tipo de preocupação, inquietação, desassossego, incômodo, estresse, temor e até medo face a pessoas e a realidades com as quais estamos afetivamente envolvidos e por isso nos são preciosas".

Esse tipo de cuidado, como o outro, pertence à estrutura da vida humana, desde o momento em que nascemos. Acompanha-a em cada momento e em cada fase de nossa vida e o carregamos até ao momento da morte. [...]

O terceiro sentido é o seguinte: "Cuidado é a vivência da relação entre a necessidade de ser cuidado e a vontade e a predisposição de cuidar, criando um conjunto de apoios e proteções (*holding*) que torna possível esta relação indissociável, em nível pessoal, social e com todos os seres viventes" [...]

O quarto sentido é: "Cuidado-precaução e cuidado-prevenção constituem aquelas atitudes e comportamentos que devem ser evitados por causa das consequências **danosas** previsíveis (prevenção) e aquelas imprevisíveis pela insegurança dos dados científicos e pela **imprevisibilidade** dos efeitos prejudiciais ao sistema-vida e ao sistema-Terra (precaução)". O cuidado-prevenção e o cuidado-precaução nascem de nossa missão de cuidadores e guardiães da herança recebida do universo, e por isso também pertencem à essência de nosso estar-no-mundo. Somos seres éticos e responsáveis, quer dizer, damo-nos conta das consequências benéficas ou maléficas de nossos atos, atitudes e comportamentos.

BOFF, Leonardo. *O cuidado necessário*. Petrópolis: Vozes, 2012. p. 34-36.

**Danoso:** que causa dano, mal.

**Imprevisibilidade:** qualidade ou caráter do que é imprevisível, impossível de prever.

**1.** Relacione as colunas.

a) O cuidado expresso em atitudes de amorosidade.

b) O cuidado como atitude de preocupação, inquietação e desassossego quando estamos em um ambiente público, como a rua.

c) O cuidado como uma atitude de respeito e amor à vida.

( ) Atenção à saúde (alimentação e atividades físicas), apoio às pessoas carentes, cuidado com animais abandonados nas ruas.

( ) Andar atento, não usar o celular na rua, cuidar para que bolsas e mochilas estejam bem protegidas, não dar atenção a estranhos nas ruas.

( ) Ser carinhoso, escutar com atenção as pessoas, cooperar com todos e ser gentil.

## AMPLIANDO O CONHECIMENTO
*Direito*

Como vimos, o cuidado é algo que está ligado à própria definição de ser humano. É impossível viver sem ele. Apesar de o cuidado estar presente a todo momento em nossa vida, algumas pessoas, em situações mais vulneráveis que outras, precisam de mais atenção e prioridade. Justamente por causa disso existem duas leis muito importantes no Brasil, uma destinada a garantir os cuidados essenciais aos idosos e outra destinada às crianças e aos adolescentes.

O Estatuto do Idoso estipula que a família, a comunidade, a sociedade e o poder público, todos juntos, são responsáveis por assegurar, com prioridade, ao idoso o direito à saúde, à alimentação, à educação, à cultura, ao esporte, ao lazer, ao trabalho, à cidadania, à liberdade e à dignidade. Esse direito é garantido a todos aqueles com mais de 65 anos, que também têm asseguradas a gratuidade no transporte coletivo público e a preferência em filas de atendimento.

Essas são formas de cuidado e preocupação que a sociedade como um todo tem o dever de aprender e praticar. É um modo de atenção às dificuldades causadas pelo envelhecimento, como dores, desconfortos e complicações de saúde. Mas também entendemos que se trata de um carinho, uma gentileza ou um cuidado em reconhecimento a pessoas que já trabalharam por vários anos, cuidaram da família e agora conquistaram nossa admiração e nosso respeito.

O Estatuto da Criança e do Adolescente (ECA), por outro lado, chama nossa atenção para o cuidado com pessoas de até 12 anos (crianças) e de 12 a 18 anos (adolescentes). Entre os direitos fundamentais deles estão a garantia de oportunidades e facilidades para o desenvolvimento físico, mental, moral, espiritual e social em condições de liberdade e de dignidade.

A preocupação com essas questões é uma forma de cuidado com o futuro do jovem, que precisa de todos esses incentivos

▶ É dever da família se responsabilizar por seus idosos e lembrar que, se chegamos até aqui, foi por intermédio deles.

▶ É dever da família preservar, amar e cuidar dos bebês e das crianças pequenas. Eles são vulneráveis e necessitam de atenção para que possam se desenvolver de forma saudável.

para que possa ter uma vida adulta sadia e harmoniosa. Além disso, alguns artigos levam em conta também o cuidado com um ser humano que ainda não é capaz de se defender e que nem sempre entende o mundo a seu redor. O Artigo 5, por exemplo, estabelece que crianças e adolescentes não podem ser alvo de discriminação, exploração, violência e crueldade. Justamente por isso, não podem ser alvo de castigo físico ou tratamento cruel. Caso sejam, denúncias ao Conselho Tutelar podem levar a uma reeducação familiar com o apoio de psicólogos e assistentes sociais.

E, é claro, existe um direito que você vai gostar de conhecer e usufruir enquanto ainda é tempo: o direito de brincar, de praticar esportes e de se divertir! Não é essa mais uma forma de a sociedade cuidar para que você tenha uma adolescência harmônica e prazerosa?

Existimos para partilhar com outros a vida e todos os dons. Mas não de qualquer modo. As relações fundantes chamam-se amor e amizade. [...]

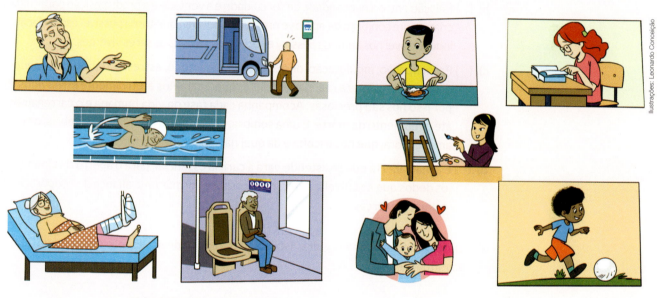

Cuidar precede amar. Implica voltar a atenção para alguém fora de nós a fim de captar-lhe onde lhe dói a falta de um cuidado bem antigo a azedar-lhe a vida.

LIBANIO, João Batista. *A ética do cotidiano*. São Paulo: Paulinas, 2015. p. 106.

**1.** Na sua opinião, o cuidado é um valor, uma máxima respeitada e garantida em nossa sociedade? Justifique sua resposta.

**2.** Por que o Estatuto do Idoso está se tornando tão importante na sociedade atual?

## MOMENTO DE **REFLEXÃO**

1. Em seu caderno, explique que importância tem o cuidado para a vida de todo e qualquer ser.

2. Relacione corretamente os sentidos de cuidado a seus respectivos exemplos.

   I. cuidado-preocupação
   II. cuidado-proteção-apoio
   III. cuidado amoroso
   IV. cuidado-precaução e cuidado-prevenção

   a) ( ) Somos seres éticos e responsáveis, ou seja, damo-nos conta das consequências benéficas ou maléficas de nossos atos, atitudes e comportamentos.

   b) ( ) Relação entre a necessidade de ser cuidado e a vontade e a predisposição para cuidar, criando um conjunto de apoios e proteções (*holding*) que torna possível essa relação indissociável nos âmbitos pessoal e social e com todos os seres viventes.

   c) ( ) Preocupação, inquietação, desassossego, incômodo, estresse, temor e até medo diante das pessoas e realidades com as quais estamos afetivamente envolvidos e por isso nos são preciosas. Acompanha cada fase da vida humana e o carregamos até o momento da morte. É uma sombra, ora leve, ora pesada, ora sombria, ora ameaçadora, que nos escolta e da qual não podemos nos furtar.

   d) ( ) É a mão aberta que se estende para a carícia essencial, para o aperto das mãos, os dedos que se entrelaçam com outros para formar uma aliança de cooperação e união de forças.

3. Observe as imagens a seguir e liste como o cuidado deve ser aplicado em cada uma das situações.

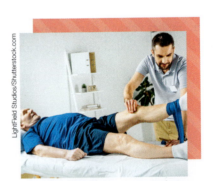

26

## MOMENTO DE **ATENÇÃO PLENA**

Sente-se da maneira mais confortável possível. Vamos fazer uma atividade para termos, neste momento, consciência do nosso corpo e de nossos sentimentos. Suavemente, feche os olhos e coloque toda sua atenção na respiração, inspirando e expirando devagar e profundamente.

Siga as orientações do professor.

## **COMPROMISSO** DA SEMANA

Meu compromisso desta semana é não descuidar de mim. Vou cuidar bem da minha alimentação, das minhas atividades físicas, do meu visual, dos meus relacionamentos, para que todos os dias eu me sinta bem e feliz comigo mesmo.

## MEUS **PENSAMENTOS**

*Anote aqui o que mais marcou você durante as reflexões deste diálogo. É possível que tenha sido uma ideia, um desejo, um sentimento, uma descoberta, uma proposta...*

*Caso queira, aproveite a oportunidade e ilustre seus sentimentos.*

DIÁLOGO

# 03

# O Poder do pensamento

> ► Existem espelhos que, propositadamente, distorcem nossa imagem refletida. Mas e quando são os próprios pensamentos que distorcem a imagem que temos de nós?

## Formas de cuidado com os próprios pensamentos

Esse assunto se relaciona especialmente ao controle da própria ansiedade e ao uso do pensamento positivo para alcançar resultados na busca por nossa autorrealização.

É notável como um pensamento pode exercer influência negativa em nossa vida. Quantas vezes antecipamos situações em nossa mente e, com isso, acabamos criando um estado mental ou de humor muito ruim? Isso pode acontecer com avaliações na escola, com competições esportivas, em encontros amorosos ou no dia a dia, quando temos de lidar com algumas obrigações escolares, domésticas etc.

É preciso reconhecer que muito da ansiedade que sentimos resulta de projeções mentais. Diante de um grande desafio, algumas vezes imaginamos o pior, e já enxergamos como se o momento ruim tivesse ocorrido. Vemos a vida como um filme, e projetamos na tela mental nossos medos e inseguranças.

Embora essa atitude seja razoavelmente normal e não signifique que tudo vai dar errado, em alguns momentos pode contribuir para que algo ruim aconteça.

# A projeção dos pensamentos

A projeção de medos e o pessimismo geram uma grande ansiedade, que não só dificulta a busca por alternativas que resolveriam os problemas como também interfere diretamente no humor. Fixar-se em um problema nos faz perder a oportunidade de ver boas coisas a nosso redor e de encontrar soluções para resolvê-lo. E, pior, muitas vezes sentimos angústia, e a situação que imaginamos nunca chega a acontecer.

Pensamentos de ansiedade, raiva, medo, insegurança e angústia são forças destrutivas que atuam dentro de nós e prejudicam a harmonia, a vitalidade, o vigor e a habilidade de agir. Já os pensamentos otimistas, bem-humorados, alegres e corajosos curam, acalmam, revigoram, aumentam a criatividade, a eficiência e o discernimento.

Para evitar esse tipo de situação, o mais importante é que você tome consciência da ansiedade o quanto antes. A partir desse momento, tente identificar o que causou o sentimento de insegurança e busque eliminar o problema na fonte. Se um ambiente está deixando você ansioso, busque outro lugar para se acalmar. Se uma pessoa é a fonte da ansiedade, busque outras pessoas com quem conviver. Se o próprio pensamento é a origem da ansiedade, procure pensar em coisas positivas, buscando uma distração se necessário, como um filme, um jogo ou um livro. O importante é fazer isso antes de perder o controle da situação. Lembre-se de que, em momentos de avaliações e competições, às vezes o melhor a fazer é começar a estudar ou treinar: isso já é suficiente para reduzir a angústia.

▸ A ansiedade traz prejuízos para a saúde física e emocional, e aprender a lidar com ela é essencial para desempenhar bem as diferentes funções e experienciar a vida de forma leve.

▸ A própria insegurança muitas vezes é o maior obstáculo para as conquistas pessoais.

## MOMENTO de PROSA

**01** Pelo poder do pensamento, podemos ser felizes ou não. Dê sua opinião sobre essa afirmativa.

**02** Em sua opinião, é possível eliminar ou afastar um pensamento que está nos causando angústia, tristeza, mal-estar? Como?

**03** O pensamento é produto da nossa mente. A mente produz pensamentos e ideias que são sementes, das quais nascem nossas atitudes, nossa realização como pessoa. Faça uma avaliação: Como você usa sua mente? Que poder você tem sobre seus pensamentos? Eles são na maioria positivos ou negativos? Eles ajudam ou impedem sua realização? Por quê?

## PARA LER E REFLETIR

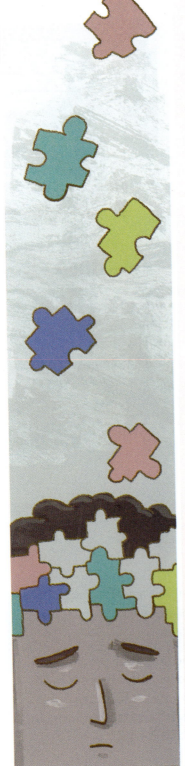

Laerte Silvino

### 5 dicas valiosas de como controlar a ansiedade e o nervosismo

Para muitas pessoas, controlar a ansiedade é uma missão impossível. Noites mal dormidas, problemas que tomam proporções estratosféricas, irritabilidade... tudo isso pode significar que você está ansioso! E em momentos cruciais e de mudança, a ansiedade pode ser um terrível inimigo que vai dificultar e muito as coisas para você. E uma das grandes dificuldades do ser humano é admitir que está passando por esse tipo de problema. Temos o mau hábito de achar que tudo é "normal", mesmo quando o nível de ansiedade e estresse está no pico e atrapalhando a nossa vida.

[...]

**Principais sintomas**

Uma quantidade básica de ansiedade é normal para todo ser humano. Na verdade, ansiedade nada mais é do que uma preocupação com o futuro e suas consequências. Então, se você é uma pessoa precavida, obviamente vai sentir um pouco de preocupação. Mas, quem sofre de ansiedade acima do normal, sente seus efeitos negativos no corpo. E se você parar para refletir verá que ele, com certeza, está dando sinais de que alguma coisa está errada.

Veja algumas das reações mais comuns:

**Insônia**

Você até está cansado, mas, quando deita a cabeça no travesseiro, parece que todos os problemas se aninham junto com você na cama. Algumas coisas que nem são urgentes, ou até já foram resolvidas, ficam rondando a sua mente e não te deixam dormir. Esses pensamentos repetitivos insistem em surgir toda noite, e fazem com que você role de um lado para o outro até altas horas. Esse pode ser um sinal de ansiedade.

**Dificuldade de concentração**

Acha que não vai dar conta da lista enorme de afazeres que você tem pela frente? São muitas coisas para fazer, mas parece impossível se concentrar em qualquer uma delas sem se desesperar? Fique atento! A falta de concentração é um dos sintomas clássicos de ansiedade!

**Compulsão alimentar ou hábito de roer as unhas**

É só começar a pensar num problema para que você vá correndo atacar a geladeira, ou ainda acabe com as unhas roendo-as em segundos. Se esse é seu caso, você provavelmente está num quadro de ansiedade. Além desses sintomas mais corriqueiros, existem muitos outros – inclusive físicos – que podem se manifestar. Veja uma lista, e se atente aos sinais de seu corpo.

Lembramos que se os seus sintomas forem muito severos e perdurarem por muito tempo, a melhor maneira de identificar o problema é consultando um médico.

30

### 5 dicas para controlar a ansiedade e ter mais qualidade de vida

Agora que você já sabe identificar, é hora de entender como controlar a ansiedade seguindo algumas das dicas a seguir. Veja quais são as formas mais eficientes de recuperar a sua tranquilidade, e fugir dos picos ansiosos:

**Faça exercícios**

Exercitar-se é excelente para reduzir a ansiedade e o estresse porque a atividade física libera químicos relacionados ao prazer no seu corpo, além dos óbvios benefícios em relação à melhoria geral do funcionamento do corpo, como [...] a aceleração do metabolismo. Portanto, os tratamentos contra ansiedade e estresse elevado sempre envolvem algum tipo de atividade física.

[...]

**Organize-se**

Quanto menos organizado você estiver, mais poderá ficar ansioso. Então, crie um hábito de fazer um planejamento diário para conseguir organizar a sua rotina, e com isso sentir mais tranquilidade para realizar as suas tarefas dentro de um cronograma.

**Controle a qualidade de seu sono**

Dormir é essencial! Por isso você deve prezar por um bom sono. Tente desligar o celular ao menos 30 minutos antes de se deitar. Evite todos os aparelhos eletrônicos por esse tempo. Elimine fontes de luz. A iluminação pode comprometer o seu sono. Evite bebidas com cafeína e atividades físicas pelo menos 4 horas antes de dormir.

[...]

5 DICAS para controlar a ansiedade. *Moove Nutrition*, [s. l.], c2018. Disponível em: https://www.moovenutrition.com.br/5-dicas-para-controlar-a-ansiedade. Acesso em: 15 dez. 2020.

Outra dica importante é a prática da meditação, e uma das técnicas mais indicadas para quem quer controlar a ansiedade, como já dissemos, é a meditação *mindfulness*, também conhecida como "atenção plena". Além de ajudar a ter mais calma e controle, outras coisas muito positivas serão promovidas pela prática do *mindfulness*, como:

- inteligência e compreensão emocional;
- mudança de atitudes;
- melhoria na qualidade de vida.

**1.** Você já viveu algum momento de ansiedade? Conte como identificou o que sentia.

**2.** Em seu caderno, responda as seguintes questões:

**a)** Quais são as principais situações que lhe causam ansiedade? Você acha que alguma das dicas do texto podem ajudar nessa situação?

**b)** Formem grupos de três integrantes, de acordo com a orientação do professor. Depois, troquem ideias sobre o texto que vocês acabaram de ler. Anotem as principais considerações a que vocês chegaram.

# AMPLIANDO O
## CONHECIMENTO
### Autogerenciamento

### Organizando sua vida

[...]

## OS QUADRANTES DO TEMPO

|  | Urgente | Não urgente |
|---|---|---|
| **Importante** | 1 – O adiador<br>O Prova amanhã<br>O Amigo doente<br>O Atrasado no trabalho<br>O Projeto para hoje<br>O Carro quebrado | 2 – O priorizador<br>O Planejamento, estabelecimento de objetivos<br>O Redação para daqui [a] uma semana<br>O Exercício<br>O Relacionamentos<br>O Relaxamento |
| **Não importante** | 3 – Aquele que só diz sim<br>O Telefonemas sem importância<br>O Interrupções<br>O Problemas menores de outras pessoas<br>O Pressão do grupo | 4 – O irresponsável<br>O Tevê demais<br>O Telefonemas intermináveis<br>O Jogos de computador em excesso<br>O Maratonas em *shopping centers*<br>O Desperdício de tempo |

- **Importância** – suas coisas mais importantes, suas coisas principais, as atividades que contribuem para sua missão e para seus objetivos.
- **Urgência** – pressões, coisas exigidas de pronto, atividades que demandam atenção imediata.

Em geral, passamos nosso tempo em quatro quadrantes diferentes, como está sendo mostrado no quadro. Cada quadrante contém diferentes tipos de atividade, e é representado por um tipo de pessoa.

[...] As coisas urgentes não são necessariamente ruins. O problema vem quando nos tornamos tão centrados nas coisas **urgentes** que deixamos de lado as coisas **importantes** que não são urgentes, como trabalhar em um relatório com antecedência, sair para uma caminhada pelas montanhas ou escrever uma carta importante para um amigo. Todas estas coisas **importantes** são substituídas por coisas **urgentes**, como telefonemas, interrupções, visitas, prazos finais, problemas de outras pessoas e coisas do tipo "faça isto agora mesmo".

Enquanto mergulhamos um pouco mais fundo em cada quadrante, pergunte a si mesmo: "Em qual quadrante estou passando a maior parte da minha vida?". [...]

COVEY, Sean. *Os 7 hábitos dos adolescentes altamente eficazes*. São Paulo: Best Seller, 1999. p. 107-111.

Nas próximas semanas, tente colocar em prática as ideias apresentadas no texto. Aos poucos, você perceberá que se organizar é uma excelente maneira de combater a ansiedade.

**1.** No caderno, estabeleça a relação entre organização, realização pessoal e autoestima.

# O QUE FAZ A DIFERENÇA

▶ Tentar concentrar-se no presente é um bom treino para não se perder em pensamentos pessimistas e fantasiosos. Respire e reflita: Como posso solucionar as questões hoje? É somente sobre essas questões que você pode, de fato, tomar uma decisão.

A ansiedade muitas vezes aparece quando estamos vivendo sob grande pressão e estresse. Apesar disso, ela também pode aparecer quando estamos trabalhando fora de nossa zona de conforto, ou seja, quando somos desafiados a executar tarefas para as quais não fomos preparados previamente, quando enfrentamos o novo.

Como a ansiedade é entendida como um sentimento ruim, muitas pessoas passam, então, a evitar os desafios porque sabem que eles podem acarretar ansiedade. Mas é enfrentando situações diferentes que abrimos novas possibilidades de aprendizado, experiência e vivência! Se nos limitamos à zona de conforto, o resultado será reviver sempre mais do mesmo, nunca crescer, nunca melhorar.

Quando não nos dispomos a correr o risco do erro, tornamo-nos acomodados, conformados. Todos à nossa volta se superam, aprendem, melhoram, e nós permanecemos parados. Trens repletos de oportunidades passam por nós, que ficamos na estação acenando, com medo de embarcar sem saber o destino da viagem.

É preciso embarcar! Amizades interessantes, relacionamentos maduros, novos divertimentos e muita experiência são o que a viagem traz. Tantas vezes o caminho é mais bonito que o destino do trem!

O que faz a diferença é usar ferramentas para enfrentar os desafios. Não se espera que você evite os desafios e as situações que causam ansiedade, mas que esteja preparado para enfrentá-la, que seja capaz de assumir o controle e retomar a confiança diante das dificuldades. Percebeu a diferença?

## PENSE NISSO

A zona de conforto representa as coisas com as quais você está familiarizado, lugares que você conhece, amigos com os quais se dá bem e atividades que o agradam. Na zona de conforto não existe risco. Ela é fácil. Não requer nenhum esforço. Dentro destes limites, sentimo-nos confortáveis e seguros. Por outro lado, coisas como fazer novas amizades, falar em público ou manter-se fiel a seus valores o deixam de cabelos em pé. Bem-vindo à zona de coragem! A aventura, o risco e o desafio o esperam!

COVEY, Sean. *Os 7 hábitos dos adolescentes altamente eficazes*. São Paulo: Best Seller, 1999. p. 118.

**Primeiro Momento** | Valores essenciais para a realização pessoal

## MOMENTO DE REFLEXÃO

Para atingirmos nossas metas, melhorarmos nossa qualidade de vida e alcançarmos a felicidade por meio do poder do pensamento é necessário mudar de atitude.

1. Identifique três fatores que lhe causam sofrimento e ansiedade.

2. Identifique três fatores que lhe causam bem-estar e felicidade.

3. Dê três sugestões de como eliminar os pensamentos, as emoções e as atitudes negativas que geram ansiedade, angústia e inquietação.

4. Dê três sugestões de como cultivar pensamentos e sentimentos que conduzem à felicidade, saúde e prosperidade.

## MOMENTO DE **ATENÇÃO PLENA**

Hoje, em geral, vivemos ansiosos e tensos, desejando um lugar diferente, cheio de paz, talvez difícil de ser encontrado. O melhor caminho é abandonar por alguns instantes nossos problemas, nossas inseguranças, angústias e medos e procurar refúgio dentro de nós mesmos, no silêncio, na tranquilidade do nosso mundo interior. Sente-se de maneira bem confortável. Faça silêncio, feche os olhos. Tente neste momento buscar uma intensa harmonia. Busque a paz. Imagine você caminhando por um lindo bosque, cercado de lindas árvores, muitas e variadas flores, ouvindo o canto dos pássaros, o som de uma cachoeira. Fique aí por alguns instantes, totalmente integrado com a natureza. Desfrute a vida sem tentar compreendê-la, sem questionar, sem se preocupar com o depois. Este é um momento seu. Viva-o!

## **COMPROMISSO** DA SEMANA

Meu compromisso desta semana é evitar os principais fatores que podem me causar ansiedade:

1. não permitir pensamentos negativos;
2. evitar a poluição sonora;
3. ser mais organizado;
4. proteger meu sono;
5. não comer para satisfazer a ansiedade;
6. fazer atividades físicas;
7. meditar durante 5 minutos, pela manhã ou à noite, pensando sobre o quanto sou grato pela vida e tudo o que ela me oferece.

## MEUS **PENSAMENTOS**

*Anote aqui o que mais marcou você durante as reflexões deste diálogo. É possível que tenha sido uma ideia, um desejo, um sentimento, uma descoberta, uma proposta...*

*Caso queira, aproveite a oportunidade e ilustre seus sentimentos.*

_____

_____

_____

_____

_____

_____

Primeiro Momento | Valores essenciais para a realização pessoal

# DIÁLOGO 04
# Conquista da liberdade

▶ A liberdade envolve responsabilidades e aprendizado.

## O que é ser livre?

A liberdade é um processo, uma conquista pessoal e constante. Nossa liberdade está condicionada à sociedade em que vivemos, ao nosso jeito de ser, nossas escolhas, nosso estilo de vida. Ela está diretamente ligada à convivência. A liberdade depende de nossa capacidade de nos relacionarmos respeitosamente com os demais. Ser livre não significa fazer o que quiser e quando bem quiser. Ser livre é agir conscientemente, pensando em nossas atitudes e assumindo as consequências delas.

A liberdade é um aprendizado. Toda e qualquer pessoa só vai se desenvolver, crescer, se a ela for dada a possibilidade de escolha. A fim de crescer e amadurecer, a pessoa precisa de liberdade para selecionar, vivenciar e expressar seus sentimentos com transparência e honestidade. Ela precisa se sentir encorajada, confiante e acreditar em suas qualidades individuais, em seu potencial humano.

Não é possível se sentir livre sem autocontrole, autoconfiança e autoestima. A liberdade é um caminho, uma busca, um aprendizado – não é muito fácil, porque exige bastante e depende mais de nós mesmos do que dos outros.

Somos livres a partir do momento em que sabemos nos respeitar e respeitar o outro, cumprimos nossos deveres e respeitamos os direitos dos outros, nos aceitamos como somos e aceitamos o outro com suas diferenças.

▶ A felicidade é fruto de nossas escolhas, e elas devem ser feitas com base em profundo autoconhecimento.

▶ A verdadeira liberdade não exclui a família; ao contrário, ser livre é viver dentro do nosso grupo comunitário respeitando e sendo respeitado.

▶ Liberdade inclui dividir a vida com pessoas que não são do nosso grupo familiar, mas com quem partilhamos valores e afeto.

Somos livres a partir do momento em que somos verdadeiros, aprendemos coisas novas a cada dia, somos capazes de escolher o melhor, dizendo não ao que não nos faz bem; somos livres quando nos fortalecemos diante de nossa família e dela fazemos nosso ponto de apoio; somos livres quando somos fortes; somos livres quando cultivamos a paz.

Podemos nos perguntar: Como é possível ser livre diante de tanta insegurança e de tantas ameaças do mundo atual? Podemos construir nossa liberdade – aquela que depende mais de nós, de nossa responsabilidade pessoal, de vontade e determinação para assumir compromissos: viver bem consigo mesmo, com a família e com os amigos é ser feliz.

## MOMENTO de PROSA

**01** Em sua opinião, ser livre é impor limites à nossa vontade?

**02** Explique a ideia: minha liberdade termina onde começa a liberdade do outro.

**03** Explique a ideia: impor limites à nossa vontade é sinal de maturidade, demonstração de força e não de fraqueza.

## PARA LER E REFLETIR

**Assimilação:** ação ou resultado de apropriar-se de conceitos novos; incorporar ideias, costumes; aprender.

**Comunhão:** no texto, ter parte em algo, afinidade, contato, ligação, comunicação com algo.

**Crucial:** de extrema importância; muitíssimo importante para algo ou alguém; essencial, fundamental.

**Ilusório:** que produz ilusão ou engano; falso, vão.

**Ponderação:** bom senso, equilíbrio, reflexão.

**Vital:** no texto, o que torna possível a manutenção da vida.

Muitas vezes em minha vida deparei-me com um dilema que, após muita luta e **ponderação**, mostrou-se **ilusório**. Estou sempre descobrindo que há apenas um caminho aberto, apenas um rumo a seguir – aquele que brota dentro de mim. A questão não é escolher uma entre várias alternativas, mas colocar em prática a alternativa que já existe em potencial; é trazer à tona minha própria identidade num momento em que uma situação **crucial** me desafia. É esta experiência que chamo de criativa – a experiência de expressar e colocar em prática a identidade individual, em **comunhão** com o próprio eu, com a natureza e com outras pessoas. O crescimento da identidade individual em meio às relações e experiências **vitais** com outras pessoas; a **assimilação** de significados, sentimentos, crenças e valores dentro de um ser único – esta é a criatividade essencial da vida humana.

MOUSTAKAS, Clark E. *Descobrindo o eu e o outro*. Belo Horizonte: Crescer, 1995. p. 35.

A liberdade se constrói a partir do nosso autoconhecimento e da nossa autorrealização.

Vamos fazer uma atividade para ajudar a nos conhecermos melhor e avaliar nosso nível de conquista da liberdade no dia a dia. Na página ao lado, liste no primeiro quadrante as coisas que você gosta de fazer. Tente pensar em ambientes variados, como o que você gosta de fazer na escola, em casa, com os amigos etc. Depois, liste as coisas que você gosta de fazer em cada um desses ambientes, mas que, geralmente, não consegue organizar para encaixar em sua rotina. Siga para as coisas que não gosta de fazer, mas geralmente faz assim mesmo, por obrigação ou para agradar os outros. Por fim, liste as coisas que não gosta de fazer e, de fato, não faz.

| Gosto de fazer e faço | Gosto de fazer e não faço |
| --- | --- |
| | |

| Não gosto de fazer e faço | Não gosto fazer e não faço |
| --- | --- |
| | |

**1.** Reflita sobre o quadro que você preencheu. A quais conclusões você chegou?

**2.** A partir da leitura do texto de Moustakas, estabeleça a relação entre liberdade e identidade.

## AMPLIANDO O CONHECIMENTO
### História

Historicamente, a busca por liberdade nem sempre esteve ligada à possibilidade de realizar os próprios potenciais e viver a própria identidade. Várias civilizações aceitavam a instituição da escravidão, que limita profundamente a liberdade de um indivíduo.

Na Babilônia, na Grécia e em Roma as pessoas poderiam perder sua liberdade por causa de dívidas, crimes ou derrotas na guerra. Tornar-se escravo significava ter de trabalhar gratuitamente para um senhor, tornar-se uma propriedade que poderia ser vendida ou até mesmo eliminada, morta.

Infelizmente, esse tipo de relação não terminou na Antiguidade, e a própria sociedade brasileira conheceu os males da escravidão. Durante o Período Colonial, a economia era baseada no trabalho escravo de indígenas e, predominantemente, de africanos. Escravizados em guerras, os africanos eram comprados em diferentes pontos da costa do Atlântico pelos portugueses, que os traziam para a América. Esses africanos escravizados eram obrigados a trabalhar para seus senhores, sofrendo castigos físicos pesados e suportando uma rotina de longas horas de labor nas minas de ouro, nos canaviais e cafezais ou como escravos domésticos e de comércio nas ruas das cidades.

▶ Johann Moritz Rugendas. *Preparação da raiz de mandioca*, 1835. Litografia colorida, 35,5 cm × 51,3 cm. O trabalho escravizado, ilustrado na imagem, está arraigado na História do Brasil.

Somente no século XIX, quando o Brasil já era independente, começaram a ser tomadas as primeiras medidas para acabar com a escravidão, como a promulgação de leis, nem sempre cumpridas pelos senhores e pelo governo. Foi em 13 de maio de 1888, apenas um ano antes de o Brasil se tornar uma república, que a escravidão foi legalmente proibida nas terras de nossa nação.

Ainda hoje vivemos as consequências que a ausência de liberdade trouxe aos negros vindos da África. Ao longo de quatro séculos, a riqueza do país foi concentrada nas mãos de uma elite branca e, mesmo após a abolição da escravatura, os ex-escravos continuaram a ser privados de posses e economias que o trabalho livre poderia lhes ter garantido. Assim, essas pessoas ficaram em situação de pobreza, baixa escolarização e subemprego.

Hoje, o país vive um dilema sobre como compensar os descendentes dos ex-escravos pelas dificuldades causadas a eles em virtude da ausência de liberdade. Uma das medidas, por exemplo, estabelece cotas em universidades públicas para que as pessoas negras e seus descendentes frequentadores de escolas públicas possam ter garantido o direito à educação de qualidade.

▶ Djamila Ribeiro no lançamento do seu livro, *Pequeno manual antirracista*. São Paulo (SP).

▶ Oferendas a Iemanjá na Praia do Cassino. Rio Grande (RS), fevereiro de 2020.

Não devemos nos esquecer que nossa sociedade se desenvolveu calcada em preconceito e racismo contra pessoas negras, ideias que ainda hoje precisam ser combatidas. Como você pode ver, nossa sociedade vive um constante processo de construção da liberdade, e há muito a ser feito para que todos possam gozar plenamente de seus direitos e exercer com responsabilidade seus deveres.

**1.** Como estudamos no texto, a liberdade e a independência foram conquistas históricas muito difíceis. Como você utiliza sua liberdade e independência?

**2.** O texto menciona que a nossa sociedade ainda é marcada pela história da escravidão e da colonização. Como isso afeta nossa sociedade hoje?

**Primeiro Momento** | Valores essenciais para a realização pessoal

## MOMENTO DE REFLEXÃO

1. Qual é a relação entre liberdade e o que o autor descreve no texto *Descobrindo o eu e o outro*? (página 38)

2. Qual é a principal diferença entre o senso comum sobre o que é liberdade e a visão do autor do texto *Descobrindo o eu e o outro*? (página 38)

3. De acordo com o texto o que é a criatividade essencial da vida humana?

4. Liste três palavras que, para você, representam:

a) prisão;

b) liberdade.

5. Você se sente livre? Justifique sua resposta.

## PENSE NISSO

A liberdade na Declaração Universal dos Direitos Humanos:

Artigo 1º Todos os seres humanos nascem livres iguais em dignidade e em direitos. Dotados de razão e de consciência, devem agir uns para com os outros em espírito de fraternidade.

Artigo 2º Todos os seres humanos podem invocar os direitos e as liberdades proclamados na presente Declaração, sem distinção alguma, nomeadamente de raça, cor, sexo, língua, religião, opinião política ou outra, origem nacional ou social, fortuna, nascimento ou outro estatuto.

[...]

Artigo 3º Todas as pessoas têm direito à vida, à liberdade e à segurança pessoal.

Artigo 4º Ninguém pode ser mantido em escravidão ou em servidão; a escravatura e o comércio de escravos, sob qualquer forma, são proibidos.

[...]

UNIVERSAL declaration of human rights official document. *United for human rights*, [s. l.], c2008-2021. Disponível em: www.unidosparaosdireitoshumanos.com.pt/what-are-human-rights/universal-declaration-of-human-rights/articles-01-10.html. Acesso em: 28 out. 2020.

## COMPROMISSO DA SEMANA

Meu compromisso desta semana é utilizar minha liberdade com consciência: não desperdiçar meu tempo na escola, cumprir meus deveres e cuidar para que minhas atitudes sejam respeitosas para comigo mesmo e para com os outros.

## MEUS PENSAMENTOS

*Anote aqui o que mais marcou você durante as reflexões deste diálogo. É possível que tenha sido uma ideia, um desejo, um sentimento, uma descoberta, uma proposta...*

*Caso queira, aproveite a oportunidade e ilustre seus sentimentos.*

**Primeiro Momento** | Valores essenciais para a realização pessoal

## DIÁLOGO 05
# Liderando a si mesmo

▶ Para tornar-se líder de si mesmo, é preciso ter consciência das próprias capacidades e limitações. O autoconhecimento é um processo de aprendizagem contínuo, que nos leva à realização pessoal.

## Ser dono de si

Estamos vivendo em tempos cada vez mais desafiadores, e as mudanças estão ocorrendo no mundo de maneira muito rápida: mudanças sociais, tecnológicas, econômicas, políticas, religiosas, climáticas...

Em tempos assim, cada vez se exige mais a atuação de pessoas comprometidas com a construção de um mundo melhor para todos. Tais pessoas são aquelas que exercem a liderança em todos os ambientes e situações: família, escola, trabalho, igrejas, comunidades, grupos de amigos, instituições beneficentes, grupos de apoio, ONGs etc.

Contudo, para que essa liderança seja bem-feita, os líderes devem comprometer-se, sobretudo, com a primeira e mais desafiadora das lideranças: a de si mesmos. Na busca da própria liderança está a realização pessoal, que depende do nível de consciência que se tem ou que se alcança em sua essência pessoal, com base na resposta a perguntas como:

- Quem sou eu? De onde venho e para onde vou?
- Quais são minhas potencialidades e minhas limitações?
- Quais são os valores essenciais que dão norte à minha vida neste momento?
- Quais são os grandes objetivos que quero alcançar?

Responder a tais questões constitui tarefa para uma vida inteira, mas é essencial buscar as respostas todos os dias, porque assim poderemos conhecer melhor a pessoa que estamos nos tornando, aquela que estamos querendo ser. O autoconhecimento está na base da liderança de si mesmo.

▶ Mulheres presidiárias buscam uma nova oportunidade de aperfeiçoamento profissional enquanto cumprem pena. Na imagem, vemos a fabricação de roupas na colônia penitenciária feminina de Kachanivska, em Kharkiv, na Ucrânia.

Ao entrarmos em contato com nossa identidade pessoal, vamos sendo impulsionados a:

- enxergar com mais clareza os acontecimentos de nosso cotidiano;
- avaliar, com espírito crítico, os fatos;
- estabelecer juízos diante de tudo e de todos, com espírito de sabedoria e capacidade empática para entender e compreender as pessoas;
- fazer escolhas que promovam nosso crescimento e desenvolvimento como ser humano.

Descobrir, dia a dia, qual é nossa essência como seres humanos é um treinamento, um processo de aprendizagem constante.

Por isso dizemos que somos, na vida, eternos aprendizes. É assim que nos tornamos agentes responsáveis:

- por nossas ações e atitudes diante das variadas situações da vida;
- por nossa caminhada diária e pelos rumos que damos à nossa existência no mundo;
- pela construção de nossa história de vida.

▶ A escolha profissional é uma forma de contribuição social. Na imagem, a enfermeira mostra aos estagiários como usar o gotejamento.

**Primeiro Momento** | Valores essenciais para a realização pessoal  **45**

# A liderança sobre si mesmo é um valor essencial

Nossa evolução diária, o crescimento, a conquista da autodisciplina (procurar fazer a coisa certa, na hora certa e no lugar certo) e o equilíbrio das próprias emoções são os frutos que colhemos por sermos eternos aprendizes:

- autoconfiança, no sentido de se sentir seguro, de acreditar firmemente na própria capacidade de realização, no poder pessoal de desenvolver todo o seu potencial;
- entusiasmo, que para os gregos significava "ter um deus dentro de si", ou seja, a pessoa entusiasmada era aquela guiada pela força e sabedoria de um deus com poder especial para possibilitar que tudo acontecesse como deveria acontecer. A pessoa sabe que tudo é possível por saber, igualmente, que não está só;
- empatia, como a capacidade de colocar-se no lugar da outra pessoa, procurando sentir seus sentimentos, alegrar-se com suas alegrias, sofrer com suas dores, caminhar com seus pés;
- perseverança, como um esforço contínuo para alcançar os objetivos, buscar alternativas para superar possíveis obstáculos – as famosas pedras no caminho – e seguir confiante na travessia rumo ao que se almeja alcançar.

Como líderes de nós mesmos, poderemos desenvolver uma visão significativa do potencial humano e da vida, presente que inspira nossos colegas, amigos e as pessoas com as quais nos relacionamos no dia a dia.

▶ A autoconfiança é fundamental para conquistar a capacidade de liderar a si mesmo. Acredite em seus potenciais; muitas das nossas dificuldades são somente questão de treino e persistência.

▶ A empatia é uma atitude que ensina algo mais sobre nós mesmos.

## MOMENTO de PROSA

**01** Como uma pessoa pode se tornar líder de si mesma?

**02** Que valores você precisa cultivar para conquistar a liderança de si mesmo?

**03** Que relação há entre autoconhecimento e autoliderança?

## PARA LER E REFLETIR

### O que é um sábio?

O **abade** Abraão soube que perto do mosteiro de Sceta havia um sábio. Foi procurá-lo e perguntou-lhe:

– Se hoje você [...] descobrisse moedas de ouro no deserto, conseguiria vê-las como se fossem pedras?

– Não. Mas conseguiria me controlar para deixá-las onde estavam.

– E se você fosse procurado por dois irmãos, um que o odeia e outro que o ama, conseguiria achar que os dois são iguais?

Com tranquilidade, ele respondeu:

– Mesmo sofrendo, eu trataria o que me ama da mesma maneira que o que me odeia.

Naquela noite, ao voltar para o mosteiro de Sceta, Abraão falou aos seus noviços:

– Vou lhes explicar o que é um sábio. É aquele que, em vez de matar suas paixões, consegue controlá-las.

RANGEL, Alexandre. *As mais belas parábolas de todos os tempos.* Belo Horizonte: Leitura, 2002. p. 20.

**Abade:** superior de ordem religiosa que dirige uma comunidade, igreja ou mosteiro ao qual pertencem monges ou monjas (abadia).

**1.** Explique, com suas palavras, a frase do abade Abraão: "Sábio é aquele que, em vez de matar suas paixões, consegue controlá-las".

**2.** Mostre como autocontrole e autoliderança se relacionam no texto.

Primeiro Momento | Valores essenciais para a realização pessoal  **47**

## AMPLIANDO O CONHECIMENTO

*Autoconhecimento e educação*

Um ponto muito importante para alcançar seus objetivos é aprender a estudar. Enquanto lê o texto, tente entender como autoconhecimento, autocontrole e autoliderança se relacionam.

### Como começar um estudo

Comece pensando nos motivos para o estudo do tema que você quer aprender.

Faça uma lista de aproximadamente 5 a 10 motivos pelos quais você vai estudar o assunto em questão. Seja sincero consigo mesmo no levantamento dos motivos: Vou estudar este assunto porque é um dos conteúdos do vestibular.

- Vou estudar... porque despertou minha curiosidade.

[...]

▶ Estudar possibilita o enriquecimento sociocultural.

- Vou estudar... porque quero ser inteligente.
- Vou estudar... porque quero entender melhor o mundo que me cerca.

[...] Escolha o que fazer para remodelar as sensações negativas que por acaso venha a sentir:

- Preguiça de começar, de abrir o livro, sono, desânimo?

Torne esta cena grande e brilhante. Embaixo, no canto direito da cena, crie uma

48

outra cena pequena e escura, imagem do que quer sentir: vontade de aprender, desperto, com a inteligência pronta, capaz de interpretar tudo o que está naquele livro.

[...] Aprenda a dominar também os sentimentos, as emoções e os sentidos, para transformar tudo isto em um instrumento do aprender.

Dominar os sentimentos não é matá-los, mas, ao contrário, torná-los vivos, prontos para captarem as sensações, a força espiritual, a energia que paira nas realidades corpóreas e nos seres vivos.

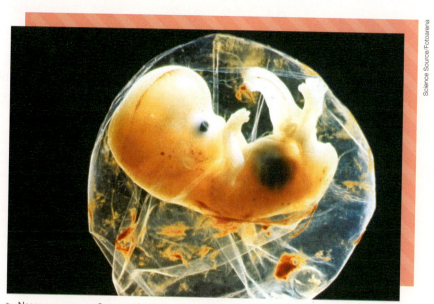

▶ Nascemos com a razão em potência. Quando criança, o ser humano encontra-se vulnerável; aos poucos, a criança é direcionada à construção de hábitos e virtudes, além do desenvolvimento socioemocional.

E as emoções? Dominá-las não é atrofiá-las em camisa de força. Mas é guiá-las, escolher a direção e o caminho onde elas poderão florescer com beleza e pujança.

FERNANDES, Maria Nilza de Oliveira. *Vestibular do conhecimento e da vida.* Salvador: EGBA, 2003. p. 21-23.

**1.** Após ler o texto, quais motivações você encontra para estudar? E quais impeditivos atrapalham seus estudos?

## MOMENTO DE REFLEXÃO

**1.** Assinale com um **X** as alternativas que apresentam valores humanos que o abade Abraão revelou por meio da parábola do sábio.

a) (   ) confiança
b) (   ) justiça
c) (   ) determinação
d) (   ) autocontrole
e) (   ) honestidade
f) (   ) solidariedade
g) (   ) tolerância
h) (   ) paciência
i) (   ) respeito
j) (   ) compaixão
k) (   ) autoconhecimento

**2.** De acordo com o texto abaixo e com base no que você pensa e acredita, o que é ser sábio?

> Não basta viver, é preciso que a vida, ao ser partilhada, ao ser vivenciada, tenha, de fato, uma utilidade. Ser útil não é apenas ser prestativo, não é alguém que fica o tempo todo servindo às pessoas. É preciso, na vida útil, seguir a si mesmo servindo à própria vida.
>
> CORTELLA, Mario Sergio. *Pensar bem nos faz bem!* Família, carreira, convivência e ética. Petrópolis: Vozes, 2013. v. 2, p. 128.

**3.** Faça uma pequena dramatização que mostre o que você e a turma entenderam sobre o autodomínio.

a) Formem grupos de acordo com a orientação do professor.
b) Criem uma cena mostrando a atuação da liderança de si mesmos em alguma situação na família, na escola ou em uma empresa.
c) Troquem ideias, anotem alguns dados, façam um rápido ensaio e, depois, apresentem-na para os colegas.
d) Cada grupo terá um tempo, determinado pelo professor, para a apresentação.
e) Ao fim das apresentações, avaliem: Os grupos mostraram com clareza a capacidade de autodomínio? Comentem com os colegas. Por quê?

## DINÂMICA DE **GRUPO**

Vamos fazer um trabalho em grupo.

1. A turma será organizada em cinco grupos, de acordo com a orientação do professor. Cada grupo trabalhará um diálogo deste Primeiro Momento. O tempo para a elaboração do trabalho e para a apresentação de cada grupo será determinado pelo professor.

2. Faça uma breve revisão do tema do diálogo com os colegas de grupo.

3. Troquem ideias e criem uma maneira de apresentar para a turma a essência do diálogo: o aprendizado mais significativo que ele deixou para vocês.

### COMPROMISSO DA SEMANA

Meu compromisso desta semana é ser o líder de mim mesmo: vou procurar me entender e descobrir o que quero para minha vida. Para isso, ao final de cada dia, vou refletir e registrar quais foram as experiências mais significativas que vivenciei e quais serão mais importantes para o meu futuro. Com base nessa análise, buscarei eliminar de minha rotina atividades que desperdiçam meu tempo e meu potencial.

### MEUS **PENSAMENTOS**

*Anote aqui o que mais marcou você durante as reflexões deste diálogo. É possível que tenha sido uma ideia, um desejo, um sentimento, uma descoberta, uma proposta...*

*Caso queira, aproveite a oportunidade e ilustre seus sentimentos.*

# Revivendo os diálogos

**01** Responda às questões a seguir, sobre a atividade anterior.

**a)** O grupo conseguiu prender a atenção da turma durante a apresentação?

**b)** O grupo foi capaz de passar o aprendizado de maneira clara e agradável?

**c)** Qual aprendizado seu grupo extraiu do diálogo? Façam um resumo dele.

**02** Assinale as alternativas verdadeiras.

**a)** (   ) Entre os direitos dos idosos inclui-se a prioridade no acesso a serviços de saúde, alimentação, educação, cultura, esporte, lazer, trabalho e cidadania.

**b)** (   ) Para o Estatuto da Criança e do Adolescente, são consideradas crianças pessoas de 0 aos 12 anos de idade, e adolescentes aquelas de 12 aos 16 anos. Esse critério tem como referência a idade a partir da qual o jovem pode votar.

**c)** (   ) A prioridade dada a idosos no transporte público e nas filas de supermercado é uma gentileza da população mais jovem, e não uma garantia em lei pelo Estatuto do Idoso.

**d)** (   ) A maneira pela qual cada família educa seus filhos é uma decisão da própria família. Assim sendo, os pais podem optar por castigos físicos e humilhações aos jovens, desde que o objetivo seja contribuir para sua educação.

**e)** (   ) Entre os direitos de toda criança e adolescente estão o direito de conviver com a família e com a comunidade, direito à educação, à alimentação, à cultura e ao esporte.

## PARA SE INSPIRAR

**Livro**

**A herança africana no Brasil**, de Adair Mendes Nacarato e Daniel Esteves (Nemo).

"Quem nós somos, vovó?", pergunta uma menina negra a sua avó. É com base nessa dúvida que o livro, em forma de quadrinhos, apresenta a história dos africanos no Brasil: desde o sofrimento dos povos escravizados nos navios negreiros até hoje. O livro também apresenta noções sobre a contribuição dos africanos para a cultura brasileira, como é o caso do samba e do candomblé.

**03** O que você pode praticar a partir de agora para ajudá-lo a fazer uma boa escolha profissional? Que relação há entre essa escolha e sua autorrealização?

**04** O que significa ter consciência sobre o cuidado?

**05** Cite e explique três métodos naturais que podem ser utilizados para controlar a ansiedade no dia a dia.

**06** Estabeleça a relação entre liberdade e autorrealização.

Primeiro Momento | Valores essenciais para a realização pessoal    53

## Segundo Momento

# Cuidado com o outro: convivência

O cuidado com o próximo envolve respeito e é um dever de todos nós. Vivemos em um mundo dominado pelo individualismo e o egocentrismo e, para sair desse estágio, é necessária uma nova ética voltada para o cuidado e a solidariedade.

O cuidado com o outro é uma atitude de alteridade. Saímos de nós mesmos para nos concentrarmos na necessidade do outro, para nos tornamos fraternos, irmãos. Um antigo ditado dizia: "Quem cuida não dorme", o que significa que precisamos estar sempre atentos para não descuidarmos de nós e do outro.

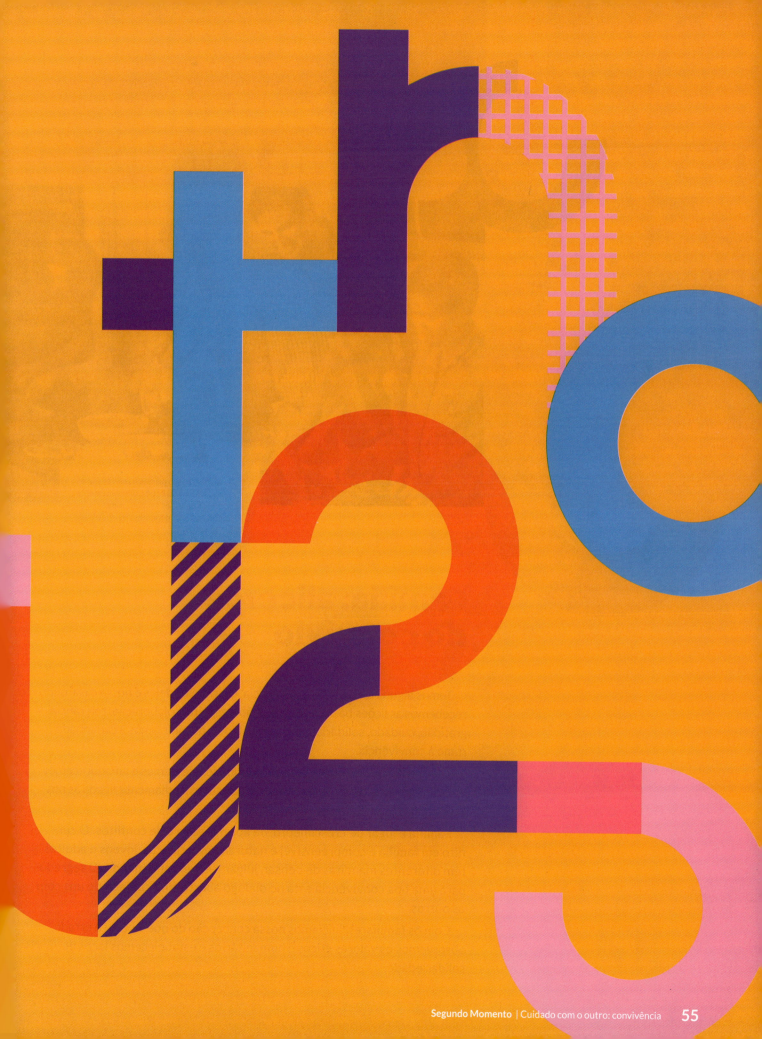

Segundo Momento | Cuidado com o outro: convivência 55

## DIÁLOGO 06 Cuidado em família

▶ A família é nosso primeiro referencial de cuidado. Quando bebês, diferentemente de outras espécies animais, somos completamente dependentes do cuidado de um adulto.

## Família: alicerce do convívio

Temos alguns templos de convivência. O primeiro deles é nossa casa, onde recebemos as lições básicas de educação: respeito, colaboração, tolerância, gratidão, cuidado, solidariedade e amor. É nela que iniciamos a caminhada rumo à convivência.

É na família que formamos nossa identidade, crescemos e amadurecemos emocionalmente. Nossa qualidade de vida está extremamente ligada às nossas relações afetivas interpessoais.

Família é lugar de crescimento, de aprendizado e de conflitos. O conflito em família é compreensível e natural, pois crianças, jovens e adultos têm diferentes maneiras de pensar, julgar e enxergar o mundo. O segredo para uma boa convivência está no diálogo aberto e no cuidado de uns com os outros.

Com os familiares, iniciamos nossa concepção do que é certo e errado, absorvemos os valores éticos e humanitários e estabelecemos laços de solidariedade.

# Diferentes formas de ser família

Atualmente, há diversas estruturas familiares, diferentemente do que ocorria décadas atrás. Há muitos casais que se divorciaram, mães e pais solteiros, filhos que convivem com os novos parceiros dos pais, filhos criados pelos avós ou tios, pessoas com pais adotivos e pais do mesmo sexo. Independentemente de como é a família, é preciso permear o convívio familiar com uma boa dose de afeto, compreensão, respeito e tolerância, ou seja, uma boa dose de cuidado. Não existe família perfeita, mas há aquelas que são comprometidas com a educação, com a manutenção e a organização da casa, com o respeito entre todos. Você pode contribuir, e muito, para manter em sua casa um ambiente harmônico e agradável e, assim, colaborar para que sua família viva melhor e mais feliz.

▶ No espaço familiar estabelecemos a primeira imagem de nós mesmos.

▶ O convívio familiar precisa ser permeado por uma boa dose de cuidado.

▶ Em família, deve haver respeito e comprometimento mútuo.

Família deve ser o templo do cuidado, da proteção de seus membros, independentemente do arranjo ou da estrutura familiar. Se a família é a célula da sociedade, é o berço de nosso crescimento e aprendizado, é lá que o cuidado tem de estar presente, em todos os cantos e no coração de todos.

▶ Para os católicos, Jesus, Maria e José formam a Sagrada Família, e toda família é chamada a imitar suas virtudes. Ela foi representada em inúmeras obras de arte, como na Igreja da Sagrada Família, do arquiteto Antoni Gaudí, em Barcelona, Espanha. A construção da igreja – considerada sua obra-prima – foi suspensa em 1936 devido à Guerra Civil Espanhola e não se estima a conclusão para antes de 2026, centenário da morte de Gaudí.

▶ É no convívio familiar que estabelecemos os primeiros laços de solidariedade. Atualmente, há diversos tipos de formação familiar e todos possibilitam crescimento e aprendizado necessários para uma boa convivência em sociedade.

## O QUE FAZ A DIFERENÇA

O filhote humano é muito frágil, sem a dedicação intensa de seus pais ou cuidadores não chegaria à adolescência.

Em nossos primeiros anos de vida, não nos damos conta da desafiadora tarefa que é tomar conta de alguém. Reflita um pouco sobre o quanto de atenção você exigiu e recebeu na época em que ainda não sabia andar, ir ao banheiro e se alimentar sozinho. E hoje, você tem consciência do desafio que é para seus pais ou responsáveis mantê-lo na escola, cuidar da sua alimentação, providenciar seu material escolar, proteger a formação do seu caráter etc.?

Em vários países, a população passa por um processo de envelhecimento, pois os casais têm tido cada vez menos filhos e vivido mais tempo. Cada vez mais será comum a situação em que filhos terão de oferecer apoio aos pais e responsáveis. Esse apoio pode ser moral: escutar as histórias deles, contar as suas – creia, compartilhar esses momentos com você é importante para o idoso –; conversar alguns minutos por dia, dedicar um pouco da atenção de maneira que o idoso se sinta querido; ajudá-lo a se manter ocupado e saudável encontrando lugares em que possa fazer atividades físicas ou lúdicas. Tudo isso é vida nova para eles.

Cuidar dos idosos da família é um gesto de amor e demonstra responsabilidade.

▶ Ter paciência com os idosos da família é uma forma de honrar nossa origem; sem eles, não teríamos vida.

Há outra dimensão muito importante desse cuidado. À medida que os anos passam, muitos idosos começam a ter dificuldade de se expressar, de relembrar fatos da memória recente, de se alimentar e se vestir sozinhos. Nesses casos, passa a ser parte da responsabilidade de todos ao redor ajudá-los a se locomover, prover assistência durante as refeições, ajudar a organizar remédios, levá-los a consultas e, com paciência, exercitar sua memória.

Lembramos que isso é um dever ético de todos nós. Afinal, é apenas um ínfimo cuidado se comparado a tudo que nossos pais ou os responsáveis fizeram por nós quando éramos crianças. Isso é também uma responsabilidade legal. Lembra-se do que estudamos no Diálogo 2 sobre o Estatuto do Idoso? O cuidado com a vida de quem envelhece é um direito que eles têm como compensação por todo o trabalho que dedicaram à sociedade, e abrange o direito a uma boa saúde, à prática esportiva e a facilidades para o uso do transporte coletivo e para o acesso aos serviços essenciais.

Sempre que possível, ceda seu lugar no transporte público aos idosos, não use as filas preferenciais de caixas, ofereça ajuda para carregar compras pesadas e aja com generosidade e cordialidade com os idosos. Isso é dever de todos nós.

▶ Muitas famílias optam por delegar o cuidado dos idosos a casas de repouso e asilos, por falta de tempo, espaço e estrutura. Caso isso ocorra, é essencial a escolha de um lugar de confiança, limpo, onde haja segurança de que o novo morador será tão bem tratado e cuidado como se estivesse em casa, além do convívio frequente por meio de visitas. Infelizmente, poucos idosos recebem esse cuidado, e muitos acabam abandonados, sem a visita de familiares até o dia da morte.

**1.** Você convive com algum idoso em sua família? Baseando-se no texto, assinale com um **X** os valores que você expressa ao cuidar dele e depois responda à pergunta.

( ) carinho     ( ) atenção        ( ) partilha    ( ) gratidão
( ) apoio       ( ) solidariedade  ( ) afeto       ( ) amizade

Na convivência com os idosos, como você manifesta esses valores?

# PARA LER E REFLETIR

## Acaso ao nascer

Uma frase que muita gente já disse em discussões com os pais ou com a família é: "Eu não pedi para nascer". Evidentemente, a própria pessoa que ouve a frase pode dizer: "Nem eu". Aí vamos recuando a pergunta até os confins das origens humanas.

De fato, não se pediu para nascer, e essa condição nos coloca um dado especial: a vida é uma gratuidade, no sentido de que ela é uma oferta em que as pessoas não fizeram a demanda em relação a isso. Evidentemente que a expressão "não pedi para nascer" quer significar, para quem a diz, que não é responsável pelas coisas que estão acontecendo ali; "afinal de contas, o que posso fazer?", fala, "a vida é assim". O pensador espanhol do século XVII Francisco de Quevedo, na obra *Vida de Marco Bruto*, que nós ainda chamamos de Brutus (um dos assassinos de Júlio César), diz uma frase que nos ajuda bastante: "O nascer não se escolhe, e não é culpa nascer do ruim, e sim imitá-lo".

E a culpa maior é nascer do bom e não [o imitar]. O que significa que a boa **gênese**, o bom nascimento, a boa possibilidade de seguir adiante é aquela que não se pediu para nascer, mas, aquele que nasceu naquele ambiente, naquela família, naquele grupo, precisa afastar o que dessa genética, dessa origem, é ruim e imitar o que é bom.

CORTELLA, Mario Sergio. *Pensar bem nos faz bem!*: família, carreira, convivência e ética. Petrópolis: Vozes, 2013. v. 2, p. 83.

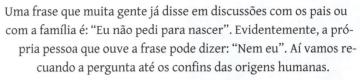

Cibele Queiroz

**Gênese:** formação, origem e desenvolvimento dos seres; conjunto de elementos que contribuíram para a formação ou existência de algo ou alguém.

**1.** No texto de Cortella, lemos que "O nascer não se escolhe, e não é culpa nascer do ruim, e sim imitá-lo". Troque ideias com os colegas sobre o significado dessa frase e, em seguida, reescreva-a com suas palavras.

_____

_____

**2.** Se você fosse escolher um símbolo para representar sua família, que símbolo seria esse?

# MOMENTO DE **REFLEXÃO**

**1.** Como nos ensina Cortella, a vida é algo que recebemos sem pedir. É uma verdadeira dádiva à qual devemos ser gratos. Reflita um pouco. Pense nas pessoas que você ama e que cuidaram e cuidam de você até hoje – pais, avós, tios, responsáveis –, mesmo que eles não estejam mais aqui. Escreva uma mensagem para essas pessoas. Fale de sua gratidão e de seus sentimentos. Caso queira, leve o texto para que elas possam ler e saber o que você tem para lhes dizer. Caso não queira que alguém veja, guarde-o só para você. O mais importante é você ter consciência do que sente e ser capaz de se expressar.

**2.** Você já parou para ouvir seus pais ou responsáveis falarem sobre suas angústias, desejos e medos? Se sim, como foi essa experiência?

_____
_____
_____

**3.** Como você explica a expressão: "A família é a célula da sociedade"?

_____
_____
_____

Segundo Momento | Cuidado com o outro: convivência

## MOMENTO DE **ATENÇÃO PLENA**

Sente-se confortavelmente, feche os olhos e relaxe! Reserve um tempo para acalmar a respiração, inspirando e expirando profundamente.

Faremos um exercício de visualização envolvendo sua família. Caso você não conheça ou não conviva com algum dos familiares, substitua a visualização dessa pessoa por alguém com quem convive e seja responsável por você (por exemplo, um tio ou uma madrinha).

Visualize, atrás de você, a figura de sua mãe tocando levemente seu ombro ao mesmo tempo que lhe deseja sorte, amor, sucesso e tudo de bom que você quer para sua vida.

Em seguida, visualize seu pai atrás de você; ele também lhe deseja sorte, amor, sucesso e tudo de bom que você quer para sua vida.

Siga visualizando seus avós, maternos e paternos, desejando-lhe sucesso e muita alegria.

Renuncie a todos os pensamentos desagradáveis, mágoas e julgamentos, e pense em seus familiares com o coração pleno de gratidão. Estabeleça uma ligação com cada um de seus familiares. Perdoe os que o magoaram e agradeça aos que lhe deram apoio. Abrace-os! Harmonize-se com eles!

Reflita: estar em harmonia com você mesmo e com quem convive é a única maneira de autorrealização. Quando se sentir confortável, encerre a visualização, abra os olhos e retome as atividades do dia.

## **COMPROMISSO** DA SEMANA

Meu compromisso desta semana é mostrar, de todas as formas que puder, o quanto minha família é importante para mim levando otimismo e alegria para as pessoas, cooperando na organização da casa e zelando para que tenhamos uma semana plena de cuidados uns com os outros, ou seja, ajudando minha família a viver melhor e mais feliz.

## MEUS **PENSAMENTOS**

*Anote aqui o que mais o marcou durante as reflexões desse diálogo. É possível que tenha sido uma ideia, um desejo, um sentimento, uma descoberta, uma proposta...*

DIÁLOGO 07

# O cuidado na escola

▸ A convivência proporciona a aprendizagem. É muito importante compartilhar conhecimento com os colegas.

## Templo do aprendizado

Leonardo Boff nos ensina que:

> Aprender é muito mais que um ato intelectual de **apropriação** de saberes acumulados e tradicionais. Aprender é um ato vital, é uma comunhão de vidas, de interesses e de destino, é um jogo de relações pessoais e sociais nas quais todas as dimensões da vida emergem e se articulam entre si, ora em tensão, ora em harmonia, mas sempre dentro de um dinamismo de troca em todas as direções.
>
> BOFF, Leonardo. *Virtudes para um outro mundo possível.* Petrópolis: Vozes, 2006. p. 32. v. 2.

O aprendizado acontece na comunhão de vidas, na partilha de saberes, na ajuda mútua, no cuidado de um com o outro. O ato de aprender é sublime, uma vez que ele acontece, principalmente, na prática da convivência. Assim, podemos afirmar que a escola também é um templo, onde nossa oração é o "conviver e aprender".

**Apropriação:** ação ou resultado de apropriar-se de algo, de tomar como próprio, de apoderar-se.

# A escola é uma comunidade

▸ Os amigos da escola muitas vezes se tornarão nossos amigos de toda a vida.

Tudo e todos na escola fazem parte da comunidade educativa, por isso o cuidado deve estar permeado em todos os espaços da escola. Nela, todos estão a serviço de nosso aprendizado, nosso crescimento e nossa qualidade de vida. A opção pelo cuidado é respeitar e acolher as diferenças. A essência do cuidado está no respeito pelo jeito de ser e de viver do outro: cultura, crença, etnia, costumes, diferenças físicas... Em uma escola onde existe a cultura do cuidado não há espaço para o *bullying*; a harmonia e a paz são estímulos para o aprendizado, o crescimento pessoal e o bem-estar de todos.

A escola, aos poucos, torna-se nossa segunda casa, pois nela passamos grande parte do dia. O cuidado nas relações com os colegas da escola produz frutos valiosos. Muitas dessas amizades são as mais verdadeiras e duradouras. Algumas farão parte de nosso cotidiano, celebrando a vida sempre juntos: aniversários, viagens, festividades, casamentos, nascimento dos filhos... Alguns amigos da escola fazem parte de nossa vida a ponto de criarmos com eles uma espécie de relação familiar. O tempo da escola é, talvez, o tempo mais valioso que temos, por isso não podemos desperdiçá-lo. Ele merece todo o nosso **cuidado**!

▸ É preciso acolher novos colegas, que podem estar inseguros em um ambiente desconhecido.

▸ É muito importante acolher os novatos na turma. Esse ato de generosidade traz benefícios a ambos: a quem está chegando, por sentir-se acolhido, e a quem o acolheu, por ter a oportunidade de iniciar uma nova amizade.

# PARA LER E REFLETIR

Leia a parábola a seguir. Ela nos mostra uma linda lição de cuidado consigo mesmo e com o outro.

Durante uma era glacial, quando o globo terrestre esteve coberto por grossas camadas de gelo, muitos animais não resistiram ao frio intenso e morreram, por não se adaptarem ao clima gelado.

Foi então que uma grande manada de porcos-espinhos, numa tentativa de se proteger e sobreviver, começou a se unir, a juntar-se um pertinho do outro. Assim, um podia aquecer o que estivesse mais próximo. E todos juntos, bem unidos, aqueciam-se, enfrentando por mais tempo aquele inverno rigoroso.

Porém, os espinhos de cada um começaram a ferir os companheiros mais próximos, justamente aqueles que lhes forneciam mais calor, calor vital, questão de vida ou morte. Na dor das "espinhadas", afastaram-se, feridos, magoados, sofridos. Dispersaram-se por não suportar os espinhos dos seus semelhantes. Doíam muito. Mas essa não foi a melhor solução: **afastados, separados, logo começaram a morrer congelados.** Os que não morreram, voltaram a se aproximar, pouco a pouco, com jeito, com precaução, de tal forma que, unidos, cada qual conservava uma certa distância do outro, mínima, mas suficiente para conviver sem ferir, para sobreviver sem magoar, sem causar danos recíprocos. Assim, aprendendo a amar, resistiram ao gelo. Sobreviveram.

Grifo nosso.

SCHOPENHAUER, Arthur. *O mundo como vontade de representação*: crítica à filosofia kantiana - Pererga e Paralipomena. São Paulo: Nova Cultural, 1988. (Coleção Os Pensadores).

## MOMENTO de PROSA

**01** Para você, quais são as três frases mais significativas do texto "Templo do aprendizado"?

**02** O que a escola significa para você?

**03** Baseando-se na parábola dos porcos-espinhos, estabeleça a relação entre a atitude tomada pelo grupo para sobreviver e a convivência com nossos colegas na escola.

Segundo Momento | Cuidado com o outro: convivência

# Convivência na escola

Se você prestou atenção na fábula dos porcos-espinhos, deve ter entendido bem que toda convivência supõe atritos. Assim como acontece na família, é normal que de tempos em tempos haja alguma desavença entre os colegas de turma. Em uma sala de aula estão pessoas com histórias de vida, valores e hábitos completamente diferentes, convivendo várias horas do dia no mesmo ambiente.

▶ Divergência nas opiniões é comum, mas é necessário respeito para resolver as questões e evitar o agravamento das tensões.

Algumas vezes, brigas ou desavenças que começaram por motivos bobos resultam em inimizades permanentes, que acabam contribuindo para um clima ruim na escola. Pode ser que um estudante sinta aquela "preguiça" na aula de um professor específico, por causa de sua dificuldade com a matéria ou por falta de empatia entre eles.

66

Com os colegas, os motivos das desavenças são os mais variados e incluem:

- intolerância com relação à forma pela qual o colega coloca suas ideias e opiniões em sala de aula;
- fofocas e desavenças de grupo, por exemplo, "fulano ofendeu um amigo meu, então fico com raiva dele e passo a destratá-lo";
- implicâncias pessoais, por exemplo, "não gosto das características físicas de meu colega: seu peso, sua estatura, seu modo de andar ou de falar, o jeito de se vestir...";
- difamação, por exemplo, "um colega falou mal de mim para outro ou alguém falou de outro colega para mim".

Quando esses pequenos conflitos se acumulam, às vezes os estudantes perdem a atenção nas aulas, o ambiente da sala de aula se torna agressivo e pode ser que você perca o interesse pelos colegas ou mesmo pela escola.

Para lidar com esses problemas, é importante perceber que a escola é só uma pequena amostra da sociedade, ou seja, nada do que acontece com você na sala de aula é diferente do que acontece em família, no trabalho, já adulto, ou simplesmente nas ruas da cidade. A escola, no entanto, é um ambiente adequado para aprender a solucionar conflitos, nela você conta com o apoio de vários profissionais para ajudá-lo a enfrentar essas situações.

Sabemos que é um verdadeiro desafio lidar com tudo isso, mas não adianta deixar a situação se desenrolar e ficar esperando que se resolva sozinha. Muitas das nossas irritações com os outros, na realidade, são problemas que vivenciamos em nós mesmos. É comum ter em sala de aula um colega que sempre faz perguntas, aparentemente, bobas. Sempre que ele faz suas perguntas, toda a turma ri, faz chacota. E, quantas vezes, depois que o professor, pacientemente, responde à pergunta você percebe que ela nem era tão boba assim? Quantas vezes a pergunta que o colega fez acabou resolvendo uma dúvida sua? Com frequência, as pessoas que perguntam aprendem mais do que aquelas que ficam inseguras, com receio de expor suas dúvidas mais simples. É preferível fazer perguntas aparentemente irrelevantes do que ficar calado e não eliminar suas dúvidas. Para aprender é necessário um pouco de ousadia e coragem.

O cuidado com a convivência é um cuidado essencial. Viver em um ambiente hostil é extremamente estressante, pois afeta o corpo e a mente. É nosso dever cuidar da qualidade do ambiente em que vivemos.

Sempre que estiver em uma situação de conflito com os colegas avalie: Por que essa situação começou? Como eu contribuí para que começasse? Eu já tomei alguma providência para evitar que a situação se agrave? Assim, aos poucos, você tornará a escola um ambiente mais agradável, conhecerá novas pessoas e aprenderá importantes lições sobre convivência em sociedade.

▶ Atritos são comuns em uma convivência, mas o importante é não deixar que gerem inimizades. Fazer as pazes pode desfazer irritações e mal-entendidos.

Segundo Momento | Cuidado com o outro: convivência  67

## AMPLIANDO O CONHECIMENTO

*Religiosidade e cidadania*

Abençoadas sejam as diferenças! É com base nelas que a história é construída: etnias, crenças e culturas se unem para enriquecer a humanidade.

Abençoadas sejam as diferenças! Que elas nos unam e não sejam causas de desavenças. Uma sociedade justa só pode se sustentar respeitando as diferenças.

Abençoadas sejam as diferenças! Que elas nos unam e enobreçam nossa convivência. Aceitar o diferente nos faz humanos. Cada um de nós é o centro do seu mundo. Cada um de nós expressa a história acumulada de uma sociedade que nos marca com seus valores, suas leis, suas crenças e seus sentimentos. Cada um de nós é um ser único! Que autoridade temos para criticar ou rejeitar o outro pelas suas diferenças?

**Abençoadas sejam as diferenças!**

▶ Padre Julio Lancelotti trabalha voluntariamente distribuindo alimentos para pessoas em situação de vulnerabilidade. Suas ações sociais e luta por pessoas marginalizadas é reconhecida em todo o Brasil. Paróquia São Miguel Arcanjo. Mooca, São Paulo, SP.

▶ O pastor Henrique Vieira utiliza seu sacerdócio para ensinar que a mensagem do Evangelho de Jesus está vinculada ao amor e ao respeito à diversidade e aos pobres e oprimidos. Debate "O conservadorismo e as questões sociais". Fundação Tide Setubal, São Paulo, SP.

## MOMENTO DE REFLEXÃO

**1.** Liste três atitudes de cuidado que você costuma ter na escola para cada item a seguir.

**a)** Cuidados com seu aprendizado e seu crescimento:

_____
_____
_____

**b)** Cuidados com os colegas:

_____
_____
_____

**c)** Cuidados com os profissionais que trabalham na escola:

_____
_____
_____

**d)** Cuidados com o espaço físico da escola:

_____
_____
_____

**2.** Como a escola pode dar continuidade ao aprendizado que se iniciou em casa?

_____
_____
_____
_____

## PENSE NISSO

Cuide de suas relações e amizades na escola. Elas são profundas e verdadeiras. Preste atenção aos seus sentimentos e aos sentimentos dos colegas. Preste atenção às necessidades que residem em você e em cada pessoa de seu convívio. Dê ao outro o direito de expressar seus sentimentos e suas necessidades, sem agredi-lo. Seja honesto e assertivo em suas relações. Seja empático! A boa convivência nos ajuda a manter a relação harmoniosa com nossa natureza humana. Fomos feitos para cuidar, proteger e amar.

## COMPROMISSO DA SEMANA

Meu compromisso desta semana é cuidar da minha convivência na escola: vou ser gentil e atencioso com os professores e os funcionários. Tanto na sala de aula quanto fora dela, vou me esforçar para ser um mediador da compreensão, da harmonia e do bom resultado do aprendizado da turma.

## MEUS PENSAMENTOS

*Anote aqui o que mais o marcou durante as reflexões desse diálogo. É possível que tenha sido uma ideia, um desejo, um sentimento, uma descoberta, uma proposta...*

*Caso queira, aproveite a oportunidade e ilustre seus sentimentos.*

## DIÁLOGO 08
# Apreender para aprender

> O aprendizado é um processo contínuo, nunca tem fim! Sempre podemos aprender algo novo e, ao aprendê-lo, descobrimos que é possível saber muito mais sobre aquele tema.

## O aprendizado é um processo

Aprender é adquirir conhecimentos. Feliz daquele que se dispõe e se prontifica a aprender coisas novas. Nenhuma pessoa atinge a realização profissional, o sucesso, sem um histórico de evolução e aprendizagem constante.

O aprendizado é um processo por meio do qual nossas habilidades, nossos conhecimentos e nossos valores vão se modificando e aperfeiçoando ao longo do tempo. Para isso, é preciso estudo, troca de experiências, capacidade de escuta e observação. O aprendizado é uma habilidade que depende muito da nossa capacidade de ouvir e observar.

A habilidade de aprender, de adquirir conhecimentos novos, é fator de autoestima, pois nos impulsiona, nos dá segurança, nos faz caminhar em direção ao domínio de nós mesmos e de nossa realização pessoal. Nosso cérebro precisa ser alimentado, estimulado a render e produzir sempre mais. E o alimento, o estímulo de que ele precisa é o **conhecimento**. Reforçamos que ser responsável é não parar no tempo, é aprender coisas novas, é nos tornarmos pessoas mais preparadas, mais sábias, melhores, mais significativas para nós mesmos e para o mundo.

# Os diferentes tipos de conhecimento

▸ Aprender a tocar um instrumento musical estimula nossos sentidos, mas esse é um aprendizado intelectual.

O conhecimento é dividido em várias categorias: **conhecimento sensorial**, adquirido por meio dos sentidos; **conhecimento intelectual**, quando usamos o raciocínio, o pensamento; **conhecimento empírico ou popular**, que não é necessariamente amparado pelo conhecimento acadêmico, mas que faz parte do conhecimento comum e é compartilhado pela população, ou seja, é a forma de conhecimento de determinada cultura; **conhecimento científico**, que são informações e fatos comprovados por meio da Ciência (esse conhecimento nasce da necessidade do ser humano de procurar respostas e fazer experimentações que poderão mudar sua vida); **conhecimento filosófico**, baseado na reflexão e construção de conceitos e ideias, no uso do raciocínio em busca do saber; **conhecimento teológico**, que é o conhecimento adquirido pela fé.

Aprender é adquirir conhecimentos, e ter conhecimento nos dá certo poder. Imagine-se em uma roda de amigos conversando sobre um tema que você não domina. Você fica calado, inseguro, pois não se sente capaz de abordar o assunto. Mas, se sabe do que se trata, você se envolve na conversa com total segurança, sentindo-se feliz, valorizado, e seu grupo, provavelmente, vai admirar e valorizar sua atuação. O conhecimento nos dá autoridade, segurança, independência e aumenta nossa criatividade. Conhecimento é poder!

▸ Todos os conhecimentos são muito importantes, tanto na vida pessoal quanto em comunidade. O conhecimento científico é utilizado, entre outras coisas, para melhorar a vida das pessoas e até salvá-las por meio de cirurgias e do desenvolvimento de vacinas e medicações diversas, por exemplo.

▸ O conhecimento na área da Arte traz grande benefício, amplia os horizontes e confere graça, beleza e criatividade a nossa vida.

## MOMENTO de PROSA

**01** Troque ideias com os colegas sobre o texto e, juntos, deem um exemplo de cada tipo de conhecimento: sensorial, intelectual, popular, científico, filosófico, teológico.

## Apreendemos para aprender

▶ Todos podem aprender! Algumas pessoas precisam de métodos diferenciados, como a análise do comportamento aplicada, ou *Applied Behavior Analysis*, (ABA, na sigla em inglês). Esse método é utilizado com crianças autistas com o objetivo de integrá-las à comunidade. Para isso, a intervenção é planejada e executada cuidadosamente, abrangendo as atividades da criança em todos os ambientes frequentados por ela: escola, casa, locais de lazer etc.

Aprender é um processo natural para qualquer um. Não processamos mentalmente tudo o que aprendemos. Quando selecionamos uma informação e trabalhamos com ela é que usamos nossos processos mentais de aprendizado.

Estudar nada mais é do que organizar esse aprendizado focalizando o conteúdo, e não aprender de forma instintiva, como os animais silvestres. Estudar é apreender as informações concentradas, que representam todo o conhecimento que um autor levou muito tempo para adquirir. Aprendemos tudo isso em uma aula, em um livro, por exemplo.

Estudar é essencial, pois assim ganhamos tempo e usufruímos do conforto que inventores/descobridores e seus adaptadores/construtores/comunicadores nos propiciaram. Estudar é um atitude de sabedoria que capta os conhecimentos de tantas pessoas que participaram direta ou indiretamente da construção da nossa civilização.

É um estudar para aprender, pois a pessoa que estiver sempre disposta a aprender é que vai sobreviver a essas revoluções do conhecimento.

Quem se achar sabedor de tudo e parar de aprender, amanhã será ultrapassado por quem continuou aprendendo.

É por isso que temos de aprender sempre, fato hoje consagrado como Educação Continuada. Não existe graduação para esse estágio de aprendizado; ou seja, é um aprendizado que nunca acaba.

▶ Para ser um bom profissional é necessário estudar continuamente, a fim de atualizar-se e oferecer o melhor à comunidade.

**Segundo Momento** | Cuidado com o outro: convivência

▶ Aprender é uma atitude que devemos ter sempre, em todas as etapas da vida.

▶ Os idosos aprendem a lidar com tecnologia. Mesmo que algumas vezes levem um pouco mais de tempo para dominar as novidades tecnológicas, com paciência e foco, são plenamente capazes.

**Canabizar:** utilizar a maconha.

Aprender é alimentar a alma do saber.

Conhecimentos são ferramentas plásticas de multiuso, que podem ir sofrendo adaptações, modificações e transformações à medida que forem necessárias.

## Aprendemos para conhecer

Informações são dados estáticos, hoje facilmente encontráveis em muitos lugares. Basta saber como acessá-las.

Um adolescente pode ter a informação de que maconha faz mal à saúde, mas continuar "**canabizando**". Ele pode encontrar essa informação em qualquer livro sobre drogas, na internet ou até em salas de aula, mas ela pode não ser integrada à vida dele.

Quando usa essa informação para parar de fumar maconha, o adolescente a transforma em conhecimento.

Bom aluno é o adolescente que vai construindo dentro de si os conhecimentos com as informações que recebe dos professores em sala de aula, ou quando lê os livros pertinentes à matéria. Com um conhecimento a mais que os outros da sua turma, ele pode criar uma boa solução para um problema para o qual ninguém enxergava saída. Assim, ele está sendo criativo, e criatividade é uma das qualidades muito valorizadas, não só pela turma, mas por toda a sociedade.

Portanto, mais que ter as informações dentro de si, o importante é saber onde encontrá-las. A importância maior está em ampliar os conhecimentos, porque é com eles que nos tornamos mais competentes neste mundo tão competitivo.

TIBA, Içami. *Adolescentes:* quem ama, educa! São Paulo: Integrare Editora, 2010. p. 174-175.

## AMPLIANDO O CONHECIMENTO
### Autoconhecimento

[...] Aprender sobre um determinado assunto é uma tarefa que vai muito além de apenas uma leitura básica. Existem diversas outras atitudes importantes que são essenciais para garantir que você realmente adquira conhecimento sobre tudo o que desejar. Quer entender como isso funciona? Confira 10 maneiras de adquirir mais conhecimento:

### 1) Praticar

Todas as tarefas que realiza com facilidade são atividades que você provavelmente fez diversas vezes. Ou seja, você se tornou mais capaz devido à prática. Por isso, seja qual for o conhecimento que você deseje adquirir, faça o possível para transformá-lo em um hábito diário para que você possa praticar até conseguir atingir seu objetivo.

▶ O aprendizado é adquirido por meio de treinos constantes.

### 2) Questionar

Questionar é essencial para o conhecimento. Afinal, você não pode resolver uma dúvida se não fizer perguntas sobre ela.

### 3) Ter ambição

Querer aprender é o que trará a motivação necessária para aprimorar seu conhecimento. Sem vontade, essa tarefa se tornará cansativa e o aprendizado não será realmente eficiente.

### 4) Ler

Uma das maneiras mais eficientes de adquirir conhecimento é por meio da leitura. Seja com livros, jornais ou revistas, ler com frequência é o que possibilitará que você aprenda sobre os mais diversos assuntos.

▶ A leitura é um importante instrumento para a conquista de novos conhecimentos.

Segundo Momento | Cuidado com o outro: convivência 75

**5) Ensinar**

Você não precisa ser um professor para poder ensinar. Tente conversar com colegas ou familiares sobre assuntos que você considera interessante e então explique o que você aprendeu com eles. Dessa maneira, você absorve o conteúdo de maneira muito mais simples.

**6) Escrever**

Escrever também ajudará na assimilação do conteúdo que você deseja aprender. Além de ajudar você a ficar mais atento e melhorar suas habilidades com palavras, você conseguirá absorver o conhecimento que deseja no momento em que começar a passar suas conclusões para o papel.

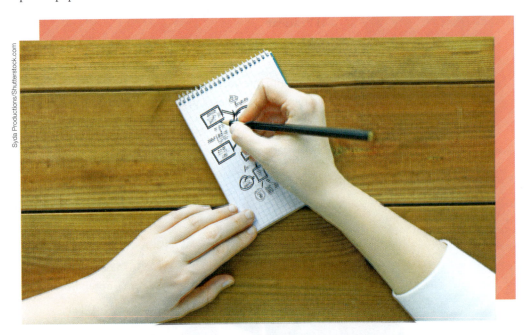

Syda Productions/Shutterstock.com

**7) Escutar**

Uma das características mais importantes de pessoas inteligentes é a capacidade de escutar. Quando você passa a ouvir as pessoas com mais atenção, pode adquirir conhecimento sobre assuntos totalmente novos para você.

**8) Observar**

A observação também é um ponto importante para adquirir conhecimento. Ao estar atento àquilo que ocorre ao seu redor, você melhora sua capacidade de análise e aprimora seu aprendizado sem sequer perceber.

**9) Colocar em ordem**

Manter os temas sobre os quais você deseja ter mais conhecimento em ordem também é importante. A organização ajudará você a enxergar mais claramente o que já foi estudado, por exemplo, e então facilitará seu aprendizado.

**10) Definir**

Uma das maneiras mais eficientes para se certificar de que você realmente aprendeu sobre um assunto é defini-lo. Sendo assim, ao estudar, tente sempre atribuir um tema que classifique claramente aquilo que foi lido.

10 MANEIRAS de adquirir mais conhecimento. *In*: UNIVERSIA.BR. Boadilla del Monte, 13 jun. 2019. Disponível em: https://noticias.universia.com.br/vida-universitaria/noticia/2014/01/08/1073590/10-maneiras-adquirir-mais-conhecimento.html. Acesso em: 26 out. 2020.

## MOMENTO DE REFLEXÃO

1. Questionar é importante para construir seu conhecimento. Como você explica essa afirmação? O que caracteriza um bom questionamento?

2. Cite três conhecimentos muitos significativos que mudaram sua vida (desde seu nascimento até hoje).

3. De todos os conhecimentos que você adquiriu até hoje, qual foi o mais importante para você? Por quê?

4. Você acha que o conhecimento pode influenciar a qualidade de vida das pessoas? Se sim, de que maneira?

5. Como você entendeu a diferença entre aprender e apreender?

6. Para você, qual é a importância da educação continuada?

# MOMENTO DE **ATENÇÃO PLENA**

Atenção plena é uma questão de treino, é o modo de se relacionar consigo e com o mundo; trata-se de um treinamento mental. Lembre-se: para fazer de maneira bem-feita tudo que você quiser, é preciso treino. Estudar e aprender exige treino e determinação diariamente.

Sente-se da maneira mais confortável possível. Respire profundamente. Relaxe! Feche os olhos. Faça silêncio dentro de você e reflita: a maior riqueza que você pode adquirir é o saber, o conhecimento.

Questione: Que importância você tem dado aos estudos? Qual é o significado dele para você?

Você consegue se concentrar quando está estudando? Se não, por quê? O que lhe falta para aprender a voltar toda a atenção para suas atividades escolares, seus estudos? Valorize seu aprendizado. Provavelmente ele será seu grande trunfo, ou seja, sua grande possibilidade de obter êxito agora e no futuro.

Abra os olhos e compartilhe com os colegas suas reflexões.

## **COMPROMISSO** DA SEMANA

Meu compromisso desta semana é me esforçar para todos os dias conhecer algo novo, mesmo que seja o significado de uma nova palavra. Mais uma vez, utilizarei meu diário para anotar as principais descobertas ao longo da semana.

## MEUS **PENSAMENTOS**

*Anote aqui o que mais marcou você durante as reflexões desse diálogo. É possível que tenha sido uma ideia, um desejo, um sentimento, uma descoberta, uma proposta...*

*Caso queira, aproveite a oportunidade e ilustre seus sentimentos.*

## DIÁLOGO 09
# Construindo a empatia

▶ Ser empático é ser um bom ouvinte, estar disposto a conhecer a realidade do outro e tudo o que ele comunica, inclusive o que não é dito, mas pode ser percebido pelo tom de voz ou o olhar.

## Compartilhando sentimentos

Você já se percebeu sorrindo ao ver outra pessoa alegre? Ou com lágrimas nos olhos ao perceber outra pessoa chorando? Você já sentiu um aperto no peito, uma angústia, ao ver alguém em uma situação na qual você se sente incapaz de ajudar, como ao ver uma família vivendo nas ruas? Quem não se sente mal, por exemplo, ao presenciar um acidente de trânsito ou preocupado ao saber que um conhecido foi assaltado? Por que o espetáculo de um equilibrista deixa seu público tão apreensivo?

A capacidade de compartilhar as ideias ou os sentimentos de outra pessoa é o que chamamos de empatia. É a habilidade de se colocar no lugar da outra pessoa, estar sempre atento ao que o outro está sentindo. Essa habilidade é capaz de nos fazer sair de nós mesmos, do nosso egoísmo, guiando nossa atenção para alguém que está precisando do nosso apoio, da nossa compreensão. Por meio da empatia, somos capazes de prontamente entender o que se passa com o outro, sem que ele precise nos dizer nada.

Enquanto um equilibrista apresenta sua arte, todo o público se esquece de si mesmo e se comporta como se fosse o próprio corpo que estivesse ameaçado de cair da corda bamba. Quando nos sentimos como o outro, somos retirados de nosso mundo e levados a perceber como é "estar na pele" dele. Esse é o início de um caminho que pode nos levar a querer mudar a realidade do outro, oferecendo ajuda e partilhando de sua dor.

A empatia, no entanto, não é um valor inato e intrínseco da espécie humana. Nem sempre, quando crianças, somos capazes de perceber o sofrimento de quem está próximo. Muitas vezes, também somos incapazes de perceber que nós mesmos somos responsáveis pelo sofrimento do outro. Para mudar isso, é necessário que passemos pelo processo de educação, de aprendizado, a fim de cultivar os valores essenciais para praticar a empatia. Hoje, sabemos que a empatia é uma habilidade que pode ser desenvolvida, mesmo após a vida adulta.

No seio familiar e na escola, as pessoas devem aprender a cultivar o sentimento de compaixão e empatia, procurando sempre entender a dor do próximo.

▶ Pessoas empáticas tratam os outros da maneira como esperam que elas próprias sejam tratadas e buscam ter atitudes de compreensão e bondade.

Entre as várias consequências de desenvolver a empatia está perceber, com gratidão, tudo de bom que acontece em nossa vida e vencer o individualismo, estimulando o comportamento colaborativo. No fundo, podemos perceber que a empatia ativa nosso senso da necessidade do cuidado, em suas várias formas e manifestações. Perceber o outro possibilita descobrir quais são os cuidados de que ele precisa.

## PENSE NISSO

A empatia é como a bondade, ela traz o bem e o contentamento para dentro de nós.

▶ Quando experimentam a empatia no convívio familiar, as crianças constroem mecanismos para lidar melhor com os desafios da escola e é possível perceber reflexos positivos dessa experiência no desempenho escolar e no comportamento como um todo.

# AMPLIANDO O CONHECIMENTO
## Autoconhecimento

Ter empatia leva as pessoas a se tornarem mais produtivas, menos problemáticas, menos egoístas, mais satisfeitas com o que têm, consigo próprias e, é provável, mais bem integradas socialmente.

Quanto mais a pessoa pensa em si, mais insatisfeita ela se torna, porque o egoísmo apequena a alma e, embora de início possa parecer que assim se é feliz, com o tempo, um persistente e crescente vazio interior se estabelece.

A verdadeira felicidade é sentir que fizemos algo que ficará quando não mais estivermos aqui, alguma coisa, por menor que seja, que tenha trazido prazer ou feito bem a alguém mais. É poder dar alguma coisa de si para a melhoria da sociedade, do mundo, do outro. Mas isso nem todos percebem logo. Numa sociedade consumista como a que vivemos, pode ser bem difícil para muitas pessoas aprenderem quanto prazer pessoal proporciona o trabalho bem-feito, a ajuda a um amigo, uma palavra carinhosa para quem está triste, um olhar compreensivo para aqueles que estão precisando falar... Qualquer coisa que façamos e que ajude o outro faz com que nos sintamos pessoas melhores, mais úteis, mais completas. Dá sentido à vida. Aqueles que vivem única e exclusivamente para satisfazer suas próprias necessidades e desejos, embora de início possam sentir-se muito felizes, com o tempo sentem um vazio, uma insatisfação, alguma coisa que parece não preencher a alma. O que é esse sentimento? É a própria convicção de que se é pequeno, mesquinho. O homem tem necessidade de sentir-se verdadeiramente humano, quer dizer, precisa sentir-se mais que um animal, que é puro instinto de sobrevivência. O homem tem intelecto, tem sensibilidade, tem razão. E isso faz com que ele almeje mais do que acumular bens, riquezas e benesses pessoais. Quando uma pessoa realiza alguma coisa, qualquer coisa, por menor que seja, mas que resulte em bem-estar e felicidade para outras que não apenas para ela própria, a sensação é maravilhosa. A pessoa se vê maior, engrandecida pela generosidade, pela capacidade de dar, de contribuir para o mundo, para a sociedade, para o seu semelhante.

ZAGURY, Tania. *Encurtando a adolescência*. Rio de Janeiro: Record, 1999. p. 175-176.

**1.** Marque com um **X** as frases que revelam uma pessoa empática e altruísta.

a) ( ) Gosta de contribuir para o bem-estar dos outros.
b) ( ) Trata bem o outro somente para não criar problema.
c) ( ) Oferece ajuda para receber reconhecimento.
d) ( ) Ajuda os outros para ser aceito.
e) ( ) Trata bem a todos porque fica feliz em ver a alegria do outro.
f) ( ) Ajuda sem esperar nada em troca.

**2.** Sublinhe, no texto, as frases relacionadas ao seu jeito de ser.

## PARA LER E REFLETIR

### Cultura do egoísmo

É bem conhecida a Parábola do Bom Samaritano (Lucas 10, 25-37), provavelmente baseada em um fato real. Um homem descia de Jerusalém a Jericó. No caminho, foi assaltado, espoliado, surrado e deixado à beira da estrada. Um sacerdote por ali passou e não o socorreu. A mesma atitude de indiferença teve o levita, um religioso. Porém, um samaritano – os habitantes da Samaria eram execrados pelos da Judeia –, ao avistar a vítima do assalto, interrompeu sua viagem e cobriu o homem de cuidados.

Jesus narrou a parábola a um doutor da lei, um teólogo judeu que nem sequer pronunciava o vocábulo samaritano para não contrair o pecado da língua... E levou o teólogo a admitir que, apesar da condição religiosa do sacerdote e do levita, foi o samaritano quem mais agiu com amor, conforme a vontade de Deus. [...]

Em uma escola teológica dos EUA, seminaristas foram incumbidos de fazer uma apresentação da Parábola do Bom Samaritano. No caminho do auditório ficou estendido um homem, como se ali tivesse caído. Apenas 40% dos seminaristas pararam para socorrê-lo. Os que mais se mostraram indiferentes foram os estudantes advertidos de que não poderiam se atrasar para a apresentação. No entanto, se dirigiam a um palco no qual representariam a parábola considerada emblemática quando se trata de solidariedade.

A solidariedade é uma tendência inata no ser humano. Porém, se não for cultivada pelo exemplo familiar, pela educação, não se desenvolve. A psicóloga estadunidense Carolyn Zahn-Waxler verificou que crianças começam a consolar familiares aflitos desde a idade de um ano, muito antes de alcançarem o recurso da linguagem. [...]

As crianças e os grandes primatas – nossos avós na escala evolutiva – são capazes de solidariedade a pessoas necessitadas. É o que comprovou a equipe do cientista Felix Warneken, do Instituto Max Planck, de Leipzig, Alemanha

(2007). Chimpanzés de Uganda, que viviam soltos na selva, eram trazidos à noite ao interior de um edifício. Um animal por vez. Ele observava um homem tentando alcançar, sem sucesso, uma varinha de plástico através de uma grade.

Apesar de seus esforços, o homem não conseguia pôr as mãos na varinha. Já o chimpanzé ficava em um local de fácil acesso à varinha. Espontaneamente o animal, solidário ao homem, apanhava a varinha e entregava a ele.

É bom lembrar que os chimpanzés não foram treinados a isso nem recompensados por assim procederem. Teste semelhante com crianças deu o mesmo resultado. [...]

Frente a tais exemplos, é de se perguntar o que a nossa cultura, baseada na competitividade, e não na solidariedade, faz com as nossas crianças e que tipos de adultos engendra. Os pobres, os doentes, os idosos e os necessitados que o digam.

BETTO, Frei. *Reinventar a vida*. Petrópolis: Vozes, 2014. p. 30-33.

**1.** O que o texto nos ensina sobre empatia?

**2.** Que relação podemos fazer entre a parábola do bom samaritano e empatia?

## MOMENTO de PROSA

**01** De acordo com o que você refletiu ao ler esses textos, vale a pena ser empático? Por quê?

**02** O texto da seção **Ampliando o conhecimento** (p. 81) nos mostra que o egoísmo nos faz pessoas insatisfeitas, pequenas e mesquinhas. Como você analisa essa afirmação?

**03** Você se considera mais próximo do egoísmo ou da empatia? Pense nisso e compartilhe o que pode fazer para ser cada vez mais empático.

# MOMENTO DE REFLEXÃO

**1.** Cite alguns valores que são pré-requisitos para que possamos nos tornar pessoas empáticas.

_____
_____
_____
_____

**2.** Reflita sobre seu dia a dia e cite duas situações em que você agiu com empatia.

_____
_____
_____
_____

**3.** Em sua opinião, a empatia pode ser desenvolvida ou é inata?

_____
_____
_____
_____

**4.** Preencha o acróstico abaixo com o nome das atitudes importantes para quem sente empatia.

E _____

M _____

P _____

A _____

T _____

I _____

A _____

84

## DINÂMICA DE **GRUPO**

Vamos fazer agora a **corrente da empatia**.

1. Na folha de papel que recebeu, você escreverá o nome do colega que se senta atrás de você e uma das seguintes frases:

    respeito você por...

    admiro você por...

    gosto de você porque...

    sou seu amigo por...

    quero ser seu amigo porque...

    Como estamos trabalhando o cuidado com o outro, tenha o cuidado de redigir um recado leal, verdadeiro e respeitoso.

### COMPROMISSO DA SEMANA

Meu compromisso desta semana é exercitar a empatia com meus familiares, meus colegas e meus amigos. Quero me sentir bem e fazer com que os que convivem comigo também se sintam bem. Para isso, vou estar sempre pronto a ajudar quem estiver precisando e dar apoio a essas pessoas.

### MEUS **PENSAMENTOS**

*Anote aqui o que mais o marcou durante as reflexões desse diálogo. É possível que tenha sido uma ideia, um desejo, um sentimento, uma descoberta, uma proposta...*

*Caso queira, aproveite a oportunidade e ilustre seus sentimentos.*

_____

_____

Segundo Momento | Cuidado com o outro: convivência  **85**

DIÁLOGO 10

# O respeito às diferenças

▶ Infelizmente, por causa da intolerância religiosa, os adeptos de algumas religiões ainda são perseguidos, difamados e agredidos. Isso acontece frequentemente em relação aos terreiros, lugares sagrados para as religiões afro-brasileiras, uma intolerância que se une também ao racismo. Na fotografia, terreiro de candomblé em Lauro de Freitas (BA).

Sergio Pedreira/Pulsar Imagens

## Convivência e tolerância

Conviver é compreender o outro diferente de você, o que supõe a superação da "distância" que existe entre o eu e o outro. É necessário estabelecer uma ligação, uma ponte entre esses dois mundos. Não há dúvidas sobre como essa tarefa é difícil: ela envolve, por um lado, a habilidade da empatia, "calçar os sapatos do outro" para fazer uma caminhada antes de se posicionar sobre as ideias e visões de mundo dele. Por outro lado, mesmo depois de ter visto o mundo pelos olhos do outro, sempre haverá diferenças, que precisam ser respeitadas.

O primeiro passo para uma convivência respeitosa é livrar-se dos preconceitos. Hoje vivemos no mundo da informação: a todo momento vemos notícias sobre lugares próximos e distantes de nós.

Além disso, somos expostos a uma grande dose de opinião sobre tudo: colunistas de jornais e revistas, páginas oficiais e comentários de amigos e familiares em redes sociais virtuais. Ler essas notícias e comentários com calma é muito importante para que possamos formar uma opinião e conhecer outros pontos de vista sobre o que acontece ao nosso redor.

Apesar disso, devemos estar sempre atentos, pois, com as opiniões, somos também expostos a informações maldosas, falsas, preconceituosas.

## O contato com o outro

Quando entramos em contato com alguém pela primeira vez, é muito importante abrir espaço para perceber essa pessoa, deixar de lado as informações que já temos, as opiniões, as ideias falsas e escutar com interesse o que ela tem a dizer, procurando saber quem ela é. É nesse processo que nos permitimos dar às pessoas o direito de ser elas mesmas e de viver suas religiões, ter alinhamentos políticos e origens sociais diferentes dos nossos. É nessa hora que entendemos o que essa pessoa especificamente pensa, independentemente do que já ouvimos falar sobre ela ou os grupos em que ela se insere. É assim que podemos **experimentar o mundo pelos olhos do outro**.

▶ Protesto contra o racismo "Vidas negras importam". Avenida Paulista, São Paulo (SP), 2020.

▶ Marcha da Comunidade Armênia no 100º aniversário do Genocídio Armênio. Los Angeles, Estados Unidos, 24 de abril de 2015.

Se ao final de um diálogo franco, sincero e aberto ainda houver discordâncias, mantenha sua posição, mas sem desrespeitar a do outro.

Discordar do outro não é problema; o problema é não respeitar a maneira de pensar dele, a opinião dele. Ser tolerante e respeitoso não significa adotar a opinião do outro ou abandonar a sua.

Com sabedoria, respeito e tolerância, o mundo do outro e o seu unem-se, enriquecem-se, completam-se, tornando-se possível estabelecer uma relação rica e harmoniosa. Conviver é acolher as diferenças e se desenvolver com elas.

### MOMENTO de PROSA

**01** Por que, em geral, é tão difícil praticar a tolerância?

**02** Em sua opinião, quais são os valores necessários para que nos tornemos pessoas empáticas?

**03** Para você, quais são as consequências da intolerância no mundo?

**04** Quais são os benefícios da prática da tolerância?

# O QUE FAZ A DIFERENÇA

## A escolha é sua

▶ Muitos *shows* e programas de humor baseiam-se unicamente no humor ofensivo, que "tira sarro" de pessoas, grupos e condições sociais. É importante refletir ao ouvir uma piada: Por que estou achando isso engraçado? Por que a característica física de alguém é motivo para escárnio? Se eu tivesse essa característica, iria gostar que dissessem isso de mim?

No dia a dia, somos expostos a formas veladas de preconceito. É comum que as diversas formas de preconceito se escondam atrás de "piadas", ironias e críticas. É aquela piada de humor "politicamente incorreto" feita "somente para não perder a ocasião" ou contada com a desculpa de que "eu não acredito nisso, mas é engraçado".

No mundo virtual, em que as pessoas se sentem mais livres para manifestar suas opiniões, é possível observar como, muitas vezes, piadas "inocentes" logo abrem espaço para opiniões intolerantes e preconceituosas de terceiros. E quando se espalham, quanta dor causam!

Temos um instrumento tão rico para nos ajudar a viver melhor, fazer o bem, espalhar otimismo, confiança, alegria... A internet poderia cumprir o papel de ser semeadora da verdade, do amor e da alegria. Mas, para isso, ela depende de nós. Ela depende de você, de mim, de nossa vontade e disposição para sermos pessoas respeitosas, tolerantes e significativas para a sociedade e para o mundo. A internet é um excelente instrumento para tudo: para o bem e para o mal. São os nossos valores que farão a diferença entre as duas direções.

A escolha é nossa!

▶ A internet pode contribuir muito para aproximar familiares e amigos que moram em localidades distantes.

# AMPLIANDO O CONHECIMENTO
## Tolerância e religiosidade

### Os 7 mandamentos da tolerância religiosa

[...]

**Trate os outros como você quer ser tratado.**

Este é o principal ensinamento de qualquer religião, credo ou filosofia. Não quer ser desrespeitado por suas escolhas, então não desrespeite o próximo. "Respeite para ser respeitado é a principal dica" [...].

**Respeite a crença religiosa dos outros.**

Conseguir aguentar o fato de que os outros podem ter opiniões diferentes das nossas é pré-requisito para a boa convivência humana. [...]. Futebol e religião não se discute. No caso da religião, não se discute e se respeita. "Tolerância uma hora ou outra pode se tornar intolerância. Deve haver respeito", conclui Pai Guimarães de D'Ogum, presidente da Associação Brasileira de Templos de Umbanda e Candomblé.

**Não brinque nem desrespeite as práticas religiosas dos outros.**

Sua amiga muçulmana cobre-se com um véu? Não cabe a você fazer piada, criticar ou, pior ainda, fazer comentários maldosos sobre essa prática. No máximo, tente entender o ponto de vista dela. Talvez você até se surpreenda.

▶ Muçulmanas oram por Idul Fitri, na mesquita Al Mustaqim, Indonésia.

Segundo Momento | Cuidado com o outro: convivência  **89**

▶ Festa de Iemanjá, Praia Grande (SP).

**Cuidado com a forma como você se aproxima de símbolos e rituais de outras religiões.**

Você pode até achar que não existe diferença nenhuma entre a imagem de Nossa Senhora, vestida de azul dentro do oratório que enfeita a escrivaninha da sua colega, e qualquer outro objeto ou enfeite, mas existe e é grande. Evite comentários, na dúvida, nem toque. Vale perguntar, desde que a curiosidade seja legítima, sem resquício nenhum de brincadeira.

**Não deixe diferenças religiosas afastarem você da sua família.**

Família não tem que comungar a mesma religião, admita que num país como o nosso, de maioria cristã, mas onde o sincretismo é forte, cada membro da família pode seguir um rumo diferente e conviver em harmonia dentro de padrões preestabelecidos de comum acordo, por exemplo, no Natal segue-se a tradição cristã, no Ano-novo a família se reúne para levar flores para Yemanjá.

**Monitore o ensino religioso do seu filho.**

A Lei de Diretrizes e Bases da Educação (LDB) tornou obrigatório o Ensino Religioso nas escolas públicas brasileiras. Isso favorece a tal discussão de ideias e a troca de informações, mas também pode criar espaços permeáveis ao proselitismo. Converse com seu filho sobre isso.

**Evite enviar e repassar correntes religiosas por *e-mail* e redes sociais.**

Bloquear o amigo virtual, deletar *e-mails* e cancelar assinatura são opções para não receber mensagens religiosas e de pregação.

**Intolerância religiosa é crime.**

A Lei nº 7 716/89 (Lei Caó) do Código Penal diz: a) ofender alguém com xingamentos relativos à sua raça, cor, etnia, religião ou origem. (Art. 140 do Código Penal (injúria), com a qualificadora do §3º. Pena: um a três anos de reclusão). Inclui-se aqui o ato de ofender alguém com xingamentos à sua religião.

[...]

BATISTA, Julia. Os 7 mandamentos da tolerância religiosa. *Geledés*, São Paulo, 4 mar. 2012. Disponível em: https://www.geledes.org.br/os-7-mandamentos-da-tolerancia-religiosa/. Acesso em: 26 out. 2020.

▶ O ensino religioso é uma oportunidade de ampliar os conhecimentos sobre diferentes culturas e promover tolerância e respeito.

## AMPLIANDO O CONHECIMENTO

### Pesquisa aponta como combater o ódio e a intolerância na rede

[...] Durante oito meses, o Observatório Proxi (Projeto *Online* contra a Xenofobia e a Intolerância), impulsionado pelo Instituto de Direitos Humanos da Catalunha e pela organização espanhola United Explanations, acompanhou as opiniões em notícias sobre imigração e população roma (conhecida como cigana), dois temas especialmente delicados no país. [...]

Segundo o informe final do Observatório, mais da metade das intervenções, cerca de 60%, possuía discurso intolerante. Nesta categoria estão mensagens que, por exemplo, contêm estereótipos ou preconceitos, rumores, discurso de ódio ou desprezo indireto. [...]

**Estimular os leitores tolerantes a debater** – Tentando equilibrar o debate, o Observatório também se dedicou a intervir nos fóruns. A participação não almejava dialogar com quem havia escrito mensagens intolerantes e sim com o leitor ambivalente, que não necessariamente participa do fórum, mas utiliza essas opiniões na construção da sua própria. "Há estudos que indicam que os comentários podem interferir na percepção que o indivíduo tem da própria notícia", reforça Alex.

Na avaliação dos pesquisadores, a ação teve bons resultados já que possibilitou diálogos construtivos entre alguns comentaristas e estimulou a participação de outros leitores tolerantes. [...]

**Por que tanta intolerância na internet?** – Entre as conclusões do projeto, está a constatação de que o espaço virtual se converteu no último reduto para a expressão aberta da xenofobia e racismo. Para a diretora do Observatório, Aida Guillén, apesar de o discurso de ódio estar presente no cotidiano, a internet o favorece. "O anonimato contribui bastante, já que a pessoa apenas coloca um avatar e fala o que quiser. Outro fator é o imediatismo da internet, que não favorece a reflexão", explica.

Os meios de comunicação também desempenham um papel importante nesse contexto como, por exemplo, em relação ao tom das notícias. "Em geral, os veículos usam termos que criminalizam os migrantes e o uso desta linguagem, por parte do jornalista, impacta o leitor e o predispõe à intolerância" explica Laia. Como exemplo, está o uso dos termos "ilegais" ou "carga humana" para se referir aos migrantes. [...]

SADA, Juliana. Pesquisa aponta como combater o ódio e a intolerância na rede. *In*: SAKAMOTO, Leonardo. *Blog do Sakamoto*, São Paulo, 6 out. 2015. Disponível em: http://blogdosakamoto.blogosfera.uol.com.br/2015/10/06/pesquisa-aponta-como-combater-o-odio-e-a-intolerancia-na-rede. Acesso em: 26 out. 2020.

# MOMENTO DE REFLEXÃO

**1.** Você já passou por alguma situação em que tenha se sentido alvo de discriminação ou intolerância? Que sentimentos esse acontecimento despertou em você?

**2.** Como o racismo se manifesta em nossa sociedade? Elenque pelo menos três formas de racismo.

**3.** Que outros tipos de preconceito causam tristeza e dor?

**4.** O jeito de ser – etnia, cor, crença, orientação sexual etc. – tem influência no sucesso ou insucesso das pessoas? Justifique sua resposta.

**5.** Tolerar é aceitar – e não impedir – o que vai contra o que acreditamos. Cite um exemplo de situação na qual você demonstrou tolerância.

## PENSE NISSO

Lei nº 7.716 de 5 de janeiro de 1989.

Define os crimes resultantes de preconceito de raça ou de cor.

[...] Art. 1º Serão punidos, na forma desta Lei, os crimes resultantes de discriminação ou preconceito de raça, cor, etnia, religião ou procedência nacional.

[...]

Art. 5º Recusar ou impedir acesso a estabelecimento comercial, negando-se a servir, atender ou receber cliente ou comprador. [...]

Art. 14. Impedir ou obstar, por qualquer meio ou forma, o casamento ou convivência familiar e social.

[...]

Art. 20. Praticar, induzir ou incitar a discriminação ou preconceito de raça, cor, etnia, religião ou procedência nacional. [...]

Brasil. *Lei nº 7.716, de 5 de janeiro de 1989.* Define os crimes resultantes de preconceito de raça ou de cor. Brasília, DF: Presidência da República, 1989. Disponível em: www.planalto.gov.br/ccivil_03/LEIS/L7716.htm. Acesso em: 26 out. 2020.

## COMPROMISSO DA SEMANA

Meu compromisso desta semana é não aceitar nenhum tipo de brincadeira ou piada de mau gosto nas minhas redes sociais. Vou usar a internet com muito respeito, apenas para meu crescimento e minha realização pessoal e para fazer com que as pessoas com quem convivo no mundo virtual se sintam respeitadas e acolhidas por mim.

## MEUS PENSAMENTOS

*Anote aqui o que mais o marcou durante as reflexões desse diálogo. É possível que tenha sido uma ideia, um desejo, um sentimento, uma descoberta, uma proposta...*

*Caso queira, aproveite a oportunidade e ilustre seus sentimentos.*

Segundo Momento | Cuidado com o outro: convivência

## PARA SE INSPIRAR

**Livro**

**As vantagens de ser invisível**, de Stephen Chbosky (Rocco).

O livro reúne as cartas de Charlie, um adolescente de quem pouco se sabe – a não ser pelo que ele conta ao amigo nessas correspondências. As dificuldades no ambiente escolar, as descobertas dos primeiros encontros amorosos, os dramas familiares, as festas alucinantes e a eterna vontade de se sentir "infinito" ao lado dos amigos são temas que enchem de alegria e angústia a cabeça do protagonista, em fase de amadurecimento.

# Revivendo os diálogos

Junte-se a um colega para fazer as atividades de hoje.

**01** Leiam, juntos, o poema a seguir.

## Necessidades

Preciso muito de uma amiga
ou amigo
para sentar comigo na praça,
para descobrirmos coisas no céu:
uma estrela se deslocando,
a lua brincando de esconder,
as nuvens formando desenhos
e muitos objetos não identificados.

Preciso muito de uma amiga
ou amigo

para sair comigo descobrindo
o mundo
com as suas tristezas e alegrias.
Alguém que escu-
te os meus segredos
saindo de mim feito enxurrada.

Alguém que saiba dos meus medos,
que ria muito com os meus risos,
que fale abobrinhas ou coisas sérias
e que, às vezes, respeite
o meu silêncio de peixe.

JOSÉ, Elias. *Amor adolescente*. São Paulo: Atual, 1999. p. 19.

Levando em conta tudo sobre o que vocês refletiram neste Segundo Momento, deem continuidade ao poema completando a estrofe a seguir:

Preciso muito de
_____

**02** Expliquem por que o cuidado familiar é tão importante para a sociedade.

## Filmes

**Meninas malvadas**, direção de Mark Waters (87 min).

Muitos filmes nos mostram as relações complicadas que adolescentes mantêm na escola, uns com mais profundidade, outros com menos. Esse longa-metragem aborda a relação entre um grupo de meninas "populares" no Ensino Médio, em relação a padrões de beleza, comportamento e inclusão na escola.

**O coração corajoso de Irene Sandler**, direção de John Kent (96 min).

Na Segunda Guerra Mundial, uma assistente social polonesa cristã arquiteta um plano para salvar mais de 2 500 crianças judias que moravam em Varsóvia. O filme é uma lição de amor e luta contra o preconceito e a intolerância.

**03** Indiquem três situações que geralmente causam desarmonia no ambiente escolar. Depois, explique uma boa forma de resolver esses problemas.

**04** Qual é o papel da empatia em nossa vida? Citem exemplos de comportamentos que evidenciem o desenvolvimento da empatia.

**05** Conforme estudamos no Segundo Momento, muitas vezes na internet as manifestações de preconceito são mais comuns do que no convívio pessoal. Por que isso acontece?

**06** De acordo com o que vocês estudaram no Diálogo 8, relacione corretamente as colunas abaixo:

a) conhecimento sensorial
b) conhecimento intelectual
c) conhecimento popular
d) conhecimento científico
e) conhecimento filosófico
f) conhecimento teológico

I) Podemos saber quem é uma pessoa por meio de suas companhias: "Diga-me com quem andas e eu direi quem tu és".
II) A água é formada por dois átomos de hidrogênio e um de oxigênio. Sua fórmula química é $H_2O$.
III) O autor da obra *Mona Lisa* é Leonardo da Vinci.
IV) Três importantes livros sagrados são a Torá, a Bíblia e o Corão.
V) É aquele que nos possibilita saber como combinar temperos para cada tipo de prato.
VI) "Penso, logo existo."

Terceiro momento

# O cuidado com o meio ambiente

Preservar a natureza é preservar a própria vida, pois nossa sobrevivência depende dos recursos do meio ambiente e o meio ambiente depende do nosso compromisso em preservá-lo. É nosso dever despertar e fortalecer a consciência a respeito de nossa responsabilidade com a preservação da vida.

A consciência ecológica planetária é vital para a conquista de uma melhor qualidade de vida e para a garantia do futuro do planeta.

O desenvolvimento dessa consciência ecológica está relacionado ao conhecimento dos problemas que causamos ao ambiente, à busca de soluções desses problemas e ao questionamento de nossos hábitos.

A partir de agora, pergunte-se:

O que é desenvolvimento sustentável?

O que é Direito Ambiental?

Que hábitos posso mudar para tornar a sociedade mais sustentável?

Trabalharemos esses e outros temas muito importantes no decorrer deste momento.

## DIÁLOGO 11
# Um novo modo de viver

▶ Viver respeitando o meio ambiente é a única forma de garantir a sobrevivência do ser humano. Construir essa consciência é urgente.

## Pensando a Ecologia

Ecologia é a ciência que estuda as relações entre seres vivos e meio ambiente. Foi na primeira metade do século XX que os cientistas e naturalistas começaram a perceber que certos biomas e paisagens tinham um valor especial para a manutenção do equilíbrio da vida na Terra. Por meio de estudos, principalmente nos campos da História Natural e da Biologia, começaram a se preocupar com a extinção de espécies exploradas economicamente e o excesso de desmatamento.

Ao longo do século XX, essas ideias foram amadurecendo e, gradualmente, tornando-se consenso. Na década de 1980, foi criado o termo **desenvolvimento sustentável**, que representa a necessidade de maior controle sobre as atividades humanas, garantindo que o processo de crescimento da economia mundial seja compatível com a manutenção da qualidade de vida para as sociedades futuras.

Originalmente, a principal preocupação era a poluição. Desde a década de 1980, é impossível ignorar as doenças respiratórias causadas pela emissão de poluentes por fábricas e automóveis, bem como a falta de cuidado com o descarte de lixo e rejeitos industriais nas águas.

Ao mesmo tempo, a caça e a pesca muitas vezes eram feitas de forma predatória, sem respeito ao ciclo de reprodução das espécies.

# Desenvolvimento sustentável e vida comunitária

▶ O Planeta Terra necessita de cuidados para que possa continuar a proporcionar um ambiente saudável e abundante.

▶ Vista do Rio Tietê, na altura da Ponte do Tatuapé, Zona Leste de São Paulo (SP).
O nível do rio subiu após fortes chuvas, deixando visível a grande quantidade de sujeira carregada pela correnteza.

Para construir uma sociedade sustentável, precisamos mudar a maneira de produzir, consumir, de nos relacionar e nos divertir.

Consciente disso desde o início, o movimento ecológico considera alguns aspectos muito importantes:

- a manutenção de uma cultura de paz e cooperação entre as nações, pois o desenvolvimento de conflitos, especialmente os nucleares, põe em risco a manutenção da vida na Terra;
- a rejeição do uso de energia nuclear, pois, em caso de acidente, os prejuízos podem durar décadas, destruindo todo tipo de vida em um raio de dezenas de quilômetros;
- a revisão dos hábitos de consumo e produção, pois, se toda a população mundial consumisse a mesma quantidade de recursos que os países mais ricos, o planeta seria incapaz de sustentar a vida.

Como você pode perceber, sustentabilidade significa compreender que somos parte de uma comunidade que compartilha um espaço com recursos limitados – vivemos de forma interligada. Assim, se uma indústria polui um rio em uma cidade, os cidadãos da própria localidade e de outras cidades e vilarejos ribeirinhos serão prejudicados; se uma empresa não instala filtros em suas chaminés ou se um cidadão não cuida das emissões de gás de seu veículo, o ar ficará poluído e os ventos poderão espalhar os gases tóxicos por longas distâncias. Portanto, quem é responsável pelos danos é uma pessoa, uma empresa ou uma indústria, mas quem arca com as consequências é toda a comunidade.

Por fim, precisamos lembrar da responsabilidade e do respeito que devemos ter pelas diferentes formas de vida, como insetos, fungos, bactérias, plantas e animais em geral. Esses seres vivos mantêm relações extremamente complexas entre si, que ajudam a preservar o ecossistema do planeta. Somente respeitando essa **biodiversidade** é possível garantir que as condições para a vida na Terra sejam mantidas.

## MOMENTO de PROSA

**01** Por que o desenvolvimento sustentável se tornou uma necessidade planetária e de caráter emergencial?

# PARA LER E REFLETIR

[...]

Na ECO 92, realizada no Rio de Janeiro, a relação entre o meio ambiente e o desenvolvimento, e a necessidade imperativa para o desenvolvimento sustentável foram reconhecidas em todo o mundo. No documento chamado Agenda 21, os governos delinearam um programa detalhado de ações para afastar o mundo do atual modelo insustentável de crescimento econômico, direcionando-as para atividades que protejam e façam uso racional e equitativo dos recursos ambientais, dos quais o crescimento e o desenvolvimento dependem.

[...]

As áreas de ação incluem: proteger a atmosfera; combater o desmatamento, a perda de solo e a desertificação; prevenir a poluição da água e do ar; deter a destruição das populações de peixes e promover uma gestão segura dos resíduos tóxicos. Mas a Agenda 21 foi além das questões ambientais para abordar os padrões de desenvolvimento que causam danos ao meio ambiente. Incluiu também a pobreza e a dívida externa dos países em desenvolvimento; padrões insustentáveis de produção e consumo; pressões demográficas e a estrutura da economia internacional.

[...]

As discussões sobre desenvolvimento sustentável incluem sempre questões sobre mudanças de hábitos de consumo – economizar água e energia, evitar o consumismo, usar mais transporte público para poluir menos... Mas aí surge a pergunta: É preciso abandonar ou reduzir drasticamente o uso de tudo o que conquistamos em termos de consumo e tecnologia no mundo moderno, para viver de maneira sustentável? A expressão economia verde refere-se à otimização de atividades que façam uso racional e equitativo dos recursos naturais (socialmente inclusivo), emitindo baixas taxas de gases de efeito estufa (economia descarbonizada), agredindo minimamente o meio ambiente. Para isso, são necessárias novas tecnologias que permitam aos diferentes segmentos da economia utilizar maquinários de baixo consumo energético. Os equipamentos domésticos, como televisores, computadores, geladeiras e lâmpadas devem ser econômicos no consumo de energia.

INSTITUTO NACIONAL DE PESQUISAS ESPACIAIS. *O futuro que queremos – economia verde, desenvolvimento sustentável e erradicação da pobreza*. São José dos Campos: Inpe, [entre 2011 e 2016]. Disponível em: http://www.inpe.br/noticias/arquivos/pdf/RIO+20-web.pdf. Acesso em: 11 nov. 2020.

▶ Mudas de pau-brasil no viveiro de árvores para reflorestamento. Estufa na Reserva Pataxó da Jaqueira. Porto Seguro (BA).

# O QUE FAZ A DIFERENÇA

Os principais especialistas do mundo em clima fizeram seu aviso mais severo até agora: as ações já implementadas não são suficientes para atingir a meta de aquecimento global de 1,5 °C. Segundo relatório divulgado em setembro, a humanidade precisa se esforçar mais.

Não existe dúvida de que a mudança climática é uma realidade, e há diversos exemplos de como isso nos afeta, desde incêndios na Califórnia a chuvas torrenciais no Brasil. [...]

O objetivo número um? Limitar o uso de combustíveis fósseis como petróleo, carvão e gás natural e substituí-los por fontes de energia renováveis e mais limpas, aumentando a eficiência energética.

O caminho para essa transição inclui decisões diárias ao seu alcance – como dirigir e voar menos, optar (se possível) por um fornecedor de energia "verde" e até mesmo mudar o que você come e compra. [...]

Essa mudança de comportamento é muito importante. De fato, depois dos combustíveis fósseis, a indústria de alimentos – e, em particular, o setor de carnes e laticínios – é um dos que mais colaboram para a mudança climática. Se o gado fosse um país, seria o terceiro maior emissor mundial de gases de efeito estufa, depois da China e dos EUA.

▶ Aerogeradores do parque eólico Rei dos Ventos – Polo Costa Branca. Galinhos (RN).

A indústria da carne contribui para o aquecimento global de três grandes formas. Em primeiro lugar, o arroto das vacas libera muito metano, um gás de efeito estufa. Em segundo lugar, alimentamos o gado com outras fontes potenciais de alimentos, como milho e soja, o que gera ineficiência de processos. E, finalmente, esse tipo de atividade também exige grandes quantidades de água, fertilizantes que podem liberar gases de efeito estufa e terra – que acaba vindo de florestas desmatadas, outra fonte de emissões de carbono.

Você não precisa se tornar vegetariano ou vegano para fazer a diferença: reduza gradualmente e torne-se um "flexitariano". Ao reduzir seu consumo de proteína animal pela metade, você pode reduzir a pegada de carbono da sua dieta em mais de 40%. [...]

A Convenção do Clima da ONU mantém um portfólio de dezenas de projetos em todo o mundo para os quais você pode contribuir. Para descobrir quantas emissões você precisa para "comprar" de volta o que gastou, use essa calculadora de pegada de carbono.

Independentemente de onde você viva, já deve ter observado como a mudança climática impacta sua vida. Mas o oposto também é verdade: suas ações influenciarão o planeta nas próximas décadas – para melhor ou para pior.

▶ Gado da raça Nelore, para abate, em pastagem. Poconé (MT).

ORTIZ, Diego Arguedas. Conheça 10 formas de colaborar com o combate ao aquecimento global. *BBC News Brasil*, São Paulo, 10 dez. 2018. Disponível em: https://www.bbc.com/portuguese/vert-fut-46357597. Acesso: 11 nov. 2020.

## AMPLIANDO O CONHECIMENTO
*Direito*

**Ecossistema:** conjunto das relações de interdependência dos seres vivos entre si e com o meio ambiente.

Desde o início do desenvolvimento da consciência ecológica, uma preocupação muito grande das comunidades conservacionistas foi elaborar leis que garantissem a redução dos impactos das atividades humanas nos **ecossistemas**. As primeiras leis regulamentaram a caça e a pesca, além do uso de alguns recursos naturais. Na legislação brasileira, a maioria dessas leis foi aprovada pela primeira vez na década de 1930, vigorando, com modificações, até hoje. É o caso do Código de Águas, do Código Florestal e do Código de Caça e Pesca.

▶ Pesca artesanal na Reserva Extrativista Marinha de Canavieiras. Canavieiras (BA).

Hoje, o Direito Ambiental inclui conceitos próprios. Entre eles, podemos citar: **mitigação**, **compensação**, **prevenção** e **precaução**.

Mitigar, nesse caso, significa reduzir, diminuir a amplitude do impacto ambiental. É esperado que as empresas e o governo tomem todas as medidas para causar o menor impacto ambiental possível quando realizam suas atividades. Assim, é sempre importante avaliar os impactos que os empreendimentos causarão ao meio ambiente. É preciso verificar se o local é ideal, se está próximo a rios, lagos, nascentes e reservas ambientais. No caso, por exemplo, da construção de uma estrada, é preciso analisar por onde ela passará, de maneira a provocar o menor dano possível ao ambiente.

▶ Abertura e corte de pequi. Aldeia Aiha Kalapalo, Querência (MT).

Já o conceito de compensação vem da ideia de troca: se é causado um impacto ambiental em um lugar, ele poderá ser compensado, por exemplo, por uma medida de melhoria do mesmo ambiente ou de outro nas proximidades. Se para fazer uma obra é necessário derrubar árvores, plantam-se novas árvores em algum local próximo. Se uma mineradora precisou eliminar um morro, uma colina, é necessário e legal que ela tome medidas para restaurar o ecossistema daquele local.

Prevenir significa tomar todas as medidas para que um impacto ambiental não aconteça e, se acontecer, que seja o menor possível. Se vai ser instalada uma barragem, por exemplo, devem ser tomadas todas as medidas de segurança cabíveis para que ela não se rompa.

▶ Viveiro de mudas de plantas típicas da caatinga. Projeto de compensação ambiental da Usina Fólica da Serra da Babilônia (BA).

O mesmo vale para a instalação de uma usina nuclear. Empresas que utilizam produtos químicos também devem tomar medidas preventivas para evitar que haja vazamento de gases ou para que o lixo que produzem seja corretamente acondicionado e descartado.

Por fim, a precaução é uma medida muito ligada ao cuidado básico com o desconhecido. Esse princípio é bastante aplicado a tecnologias cujo potencial de impacto ambiental ainda não se conhece. Exemplos são as radiações emitidas por antenas celulares e a manipulação genética de plantas consumidas como alimento. Nesses casos, é necessário medir se os riscos de empregar uma tecnologia ainda pouco conhecida serão compensados por seus benefícios. Dependendo da situação, é preferível não usar a tecnologia até que se tenha certeza de seus efeitos.

Como você deve ter percebido, é muito importante que todos esses fatores sejam considerados e bem avaliados, pois certos empreendimentos podem causar impactos incomensuráveis e irreversíveis.

▶ A contaminação por Césio começou em 13 de setembro de 1987, quando um aparelho utilizado em radioterapias foi encontrado dentro de uma clínica abandonada, no centro de Goiânia, por catadores de um ferro-velho do local. Eles o desmontaram e repassaram para terceiros, gerando um rastro de contaminação que afetou seriamente a saúde de centenas de pessoas. A contaminação por Césio-137 foi o maior acidente radioativo do Brasil e o maior do mundo ocorrido fora das usinas nucleares. Goiânia (GO), 5 de novembro de 1987.

**1.** Pesquise quais foram as primeiras e mais importantes leis e códigos ambientais aprovados no Brasil.

## MOMENTO DE REFLEXÃO

1. Pesquise o que significam os conceitos a seguir e qual é a importância deles para um planeta mais sustentável. Anote as informações coletadas em seu caderno.

   a) Obsolescência programada
   b) Desperdício
   c) Reciclagem
   d) Compostagem
   e) Reaproveitamento
   f) Saneamento básico

2. Quais foram as primeiras questões que preocuparam os conservacionistas? Elas já foram resolvidas? Justifique.

3. A noção de desenvolvimento sustentável ampliou-se, incluindo novas preocupações. Quais questões estão relacionadas a esse conceito?

4. Por que podemos afirmar que o desenvolvimento dos países pobres não pode seguir o modelo dos países ricos?

104

# DINÂMICA DE GRUPO

Sente-se da maneira mais confortável possível. Relaxe. Faça silêncio dentro de você, feche os olhos e faça um exercício de respiração profunda: inspire e expire bem devagar. Repita esse exercício três vezes. Quando todos estiverem calmos, vamos fazer um exercício de visualização.

Imagine sua mente como uma tela de cinema, sua tela mental. Visualize nessa tela um local onde a natureza é bem conservada e exuberante. Imagine cada detalhe desta paisagem: como são os rios, a vegetação, o céu. Procure experimentar cada um dos seus sentidos: Como é a sensação da brisa em sua pele? Sinta os cheiros que essa paisagem emanaria.

Em sua tela mental, visualize pessoas que você conhece se aproximando dessa paisagem. Essas pessoas vêm para cuidar dela. Juntos, vocês desfrutam desse momento de harmonização.

Reflita sobre o valor deste momento e sobre como sua geração e a próxima têm o direito de herdar uma Terra preservada e uma natureza dotada de bens que possam satisfazer a nós e a nossos descendentes. Pense: O que eu tenho feito para que isso aconteça? Minhas atitudes, meu jeito de viver é sustentável? Se necessário, mude suas atitudes. Ainda é tempo.

## COMPROMISSO DA SEMANA

Meu compromisso desta semana é com o consumo consciente. Vou evitar o consumo de produtos de que não preciso – coisas que vou descartar ou deixar guardadas por longo período. Além disso, se eu fizer compras, buscarei valorizar os produtos nacionais e de minha região, contribuindo para reduzir o impacto ambiental devido ao transporte de mercadorias.

## MEUS PENSAMENTOS

*Anote aqui o que mais marcou você durante as reflexões deste diálogo. É possível que tenha sido uma ideia, um desejo, um sentimento, uma descoberta, uma proposta...*
*Caso queira, aproveite a oportunidade e ilustre seus sentimentos.*

Terceiro Momento | O cuidado com o meio ambiente    105

## DIÁLOGO 12

# Consciência planetária

▶ Biblioteca do Colégio Estadual Erich Walter Heine, escola sustentável. Rio de Janeiro (RJ). A sustentabilidade faz parte das ações necessárias para a construção da consciência planetária.

## Consciência planetária

Qualquer recurso que uma pessoa usa afeta toda a comunidade. Por isso, precisamos ter consciência de que devemos estabelecer uma relação sustentável com o outro e com o mundo, relação essa que chamamos de consciência planetária.

Reflita: estamos acostumados a uma forma de consumo em que os produtos "aparecem e desaparecem" sem que saibamos quem os produziu e como os recursos naturais que os originaram foram extraídos e usados. Quase tudo é comprado diretamente em lojas e, depois que utilizamos o que queremos, descartamos embalagens que não sabemos ao certo para onde vão. Nesse processo, não temos consciência da origem do que consumimos e do destino do que descartamos.

Com um pouco de pesquisa e reflexão, você poderá levantar questões muito importantes, por exemplo: Será que a pessoa que confeccionou a roupa que vestimos trabalhou em condições dignas? O que aconteceu com o lixo que descartamos após o café da manhã?

Como você pode perceber, é por meio do senso crítico e da habilidade de fazer perguntas que podemos refletir sobre como reduzir nosso impacto na Terra e na vida das pessoas ao redor.

## Questionar é preciso!

De acordo com nossos questionamentos e reflexões, começamos a procurar maneiras de reduzir o consumo de recursos naturais e passamos a nos preocupar com as embalagens das mercadorias que consumimos, a selecionar melhor a origem de nossos alimentos e a prestar atenção à forma de produção de nossos eletrodomésticos e automóveis.

Quando mudamos nossa forma de ver o mundo, mudamos também nossos hábitos.

Às vezes não conhecemos ou não percebemos a importância de adotar as práticas já conhecidas de redução de impactos ambientais, mas podemos, por exemplo, reduzir o tempo do banho, optar pelo transporte público, comprar produtos com selos de qualidade ambiental, preservar a vegetação de casa e da rua e não jogar lixo no chão.

É por meio da conscientização e da criatividade que os problemas ambientais poderão ser, paulatinamente, resolvidos. Desenvolver novas formas de produzir e tecnologias para reduzir o gasto energético do que já existe, buscar combustíveis alternativos, menos poluentes, e a melhor maneira de processar o próprio lixo são os desafios coletivos que nos aguardam neste século.

Se cada um de nós, com criatividade e determinação, reduzir o impacto ambiental que causa, há possibilidades reais de contribuir para a reversão da atual degradação ambiental.

▶ Trabalhadores operam linha de produção de serraria de madeira certificada proveniente de manejo florestal sustentável. Itacoatiara (AM).

▶ Ciclovia no canteiro central da Avenida Brasil Norte. Ilha Solteira (SP).

## MOMENTO de PROSA

**01** Que atitudes podemos tomar para reduzir o impacto ambiental em casa?

**02** Cite atitudes que devem ser adotadas para reduzir o impacto ambiental em sua escola.

**03** Em sua opinião, qual é sua responsabilidade diante do impacto ambiental?

## PARA LER E REFLETIR

### Consumo consciente de energia elétrica

Para te ajudar a mudar os hábitos de consumo da energia elétrica, a Super Liga da Energia traz dicas de como poupar esse recurso e transformar a economia em um hábito presente todos os dias.

Leonardo Conceição

- Sessão de cinema é mais divertida em grupo e ainda economiza energia.
- Deixe as luzes para iluminar à noite e convide o sol para entrar.
- Troque o elevador pela escada quando possível para economizar energia e ainda fazer bem à sua saúde.
- Luz acesa em cômodos vazios não faz o menor sentido: ao sair, nunca se esqueça de desligar a luz.
- Lâmpada de LED só oferece benefícios: tem vida útil mais longa, ilumina muito mais consumindo menos e ainda economiza até 80% na conta.
- Bateria em 100% não significa que o consumo de energia vai parar. Para isso, você precisa mesmo retirar o aparelho da tomada.
- Reduza alguns minutos o banho quente e coloque a chave do chuveiro no modo verão. Essas simples atitudes economizam, em média, 30% no consumo.
- Cansou de assistir [à] TV? Não [a] deixe [...] falando sozinha: desligue antes de sair do ambiente.
- Aparelhos em modo *stand by* também consomem energia: sempre que possível, desligue todos da tomada.

**1.** O que você faz diariamente para economizar energia? E qual é a importância de fazer essa economia?

## AMPLIANDO O CONHECIMENTO
### Mobilidade urbana

Ciclistas em Amsterdã, Holanda.

A capital holandesa, Amsterdã, é uma das cidades mais conhecidas do mundo por ter uma mobilidade voltada para os ciclistas. Porém, essa cultura não nasceu com a cidade. Ela precisou ser construída com planejamento ao longo dos anos. Segundo a especialista em infraestrutura de mobilidade urbana e professora da Universidade Federal de Santa Catarina (UFSC) em Joinville, Renata Cavion, esse modelo foi desenvolvido a partir da década de 1970.

Antes disso, a cidade seguia um desenvolvimento muito parecido com o da maioria dos municípios, onde a prioridade são os carros. A realidade mostrava estatísticas preocupantes em relação aos acidentes envolvendo automóveis, chegando a 400 crianças mortas no trânsito em 1971. Isso motivou um grande movimento de protesto, conhecido como *Stop de Kindermoord* ("Parem com o assassinato de crianças", em português).

"Isso gerou um trauma tão grande que todo o sistema de transporte foi repensado. Desde então, Amsterdã vem se organizando tanto em comportamento quanto em políticas urbanas para que o enfoque seja os pedestres e ciclistas. Isso fez toda a diferença para a cidade", explica Renata.

Fonte: O USO das bicicletas nas grandes cidades. *Tudo extra*, [s. l.], [201-?]. Disponível em: http://tudo.extra.com.br/infograficos/o-uso-da-bicicleta-nas-grandes-cidades/. Acesso em: jan. 2021.

**1.** Em dupla, responda às questões em seu caderno:

a) Quais são os principais problemas de mobilidade urbana enfrentados em sua cidade?

b) O que poderia ser feito para resolvê-los?

## O QUE FAZ A DIFERENÇA

▶ Feira do Produtor Orgânico, no Parque da Água Branca. São Paulo (SP).

Talvez você já tenha conhecido alguém que não come carne de boi por razões ambientais ou que só compra alimentos orgânicos.

Um critério importantíssimo para saber se é possível reduzir o impacto de nossa alimentação no meio ambiente é pensar se o produto que estamos adquirindo está disponível em embalagens sustentáveis. Às vezes, compramos um produto com uma caixa envolta em plástico. Dentro da caixa, encontramos novas embalagens plásticas ou de alumínio que envolvem os alimentos individualmente. É justo perguntar: Não seria possível manter somente a embalagem individual ou somente a grande caixa? Outra preocupação: Será que o material é reciclável? Isso vale para a maneira de nos alimentarmos no dia a dia: Por que utilizar copos plásticos para beber água se podemos carregar conosco uma garrafa?

Pensemos agora na origem dos produtos agrícolas. A maioria dos produtos de origem vegetal que compramos foi plantada em grandes fazendas que cultivam apenas uma espécie vegetal. Isso as torna mais suscetíveis a pragas e pode exaurir rapidamente o solo. Por essa razão são usados constantemente agrotóxicos e fertilizantes. Esses produtos afetam as pragas indesejadas mas também outras espécies que poderiam ajudar no equilíbrio ecológico da região, além do risco à saúde humana. Quando eles contaminam as águas de lençóis freáticos ou rios, podem causar a morte de espécies aquáticas.

▶ Gado pastando na Fazenda Riverford em Devon, Reino Unido. Riverford é uma das fazendas orgânicas mais conhecidas e bem-sucedidas do Reino Unido. Para que o leite ganhe o selo de orgânico, pelo menos 60% da dieta das vacas precisa ser composta de grama; o gado dessa fazenda passa nove meses do ano em campos.

Para evitar esses inconvenientes, muitas pessoas estão optando por adquirir alimentos com selos orgânicos. Apesar de serem mais caros, esses alimentos não são cultivados com agrotóxicos nem são usados, em suas lavouras, maquinários que comprimem o solo. Além disso, geralmente as condições de trabalho nessas fazendas são justas, não há trabalho infantil ou análogo ao escravo.

Por fim, vejamos o consumo de carne: a humanidade nunca consumiu tanta carne. O efeito disso é que as áreas necessárias para pastagem precisam ser cada vez maiores e, para isso, muitas vezes é necessário desmatar. Além disso, o consumo de água para criar porcos e vacas é extremamente alto. Para se ter uma ideia, uma galinha consome 100 mL de água por dia, enquanto um porco consome 15 litros, um boi, 35 e uma vaca leiteira, 40. A isso se soma a água para a irrigação de áreas de cultivo de plantas destinadas à alimentação dos animais de corte.

Não queremos indicar um tipo específico de dieta, apenas lembrá-lo de que se alimentar também causa impactos ambientais. Por isso, pequenas mudanças nos hábitos de compra e consumo podem ajudar, e muito, a superar alguns desafios ambientais!

## MOMENTO DE REFLEXÃO

**1.** Explique por que a criatividade e a iniciativa são fatores essenciais para o cuidado com a qualidade ambiental do planeta.

**2.** Agora é hora de exercitar sua criatividade e iniciativa.

**a)** Reflita por alguns instantes sobre a situação ambiental do planeta. Em sua opinião, o que precisa ser mudado com mais urgência?

**b)** Sugira uma forma de minimizar o problema que você mencionou na questão anterior. Pense em uma solução que seja simples e prática: uma mudança de hábito, uma pequena alteração na característica de algum produto etc.

**c)** Aponte algo que você pode começar a fazer hoje a fim de contribuir para a resolução do problema.

## PENSE NISSO

Iniciativa é a capacidade de ter audácia naquilo que se vai fazer, em vez de ficar aguardando.

Mario Sergio Cortella.

## COMPROMISSO DA SEMANA

Meu compromisso desta semana será gastar o mínimo de energia elétrica possível. Para isso, vou adotar as seguintes atitudes: banho rápido; dentro de casa, não vou deixar lâmpadas acesas em lugares em que não haja necessidade de iluminação; vou desligar o computador quando não o estiver usando. Vou, ainda, anotar em minha agenda o valor gasto na atual conta de luz para compará-la com a conta do próximo mês.

## MEUS PENSAMENTOS

*Anote aqui o que mais o marcou durante as reflexões deste diálogo. É possível que tenha sido uma ideia, um desejo, um sentimento, uma descoberta, uma proposta...*
*Caso queira, aproveite a oportunidade e ilustre seus sentimentos.*

## DIÁLOGO 13
# Hábitos x qualidade ambiental

▶ As hortas comunitárias são mantidas por voluntários dos bairros e cultivadas em terrenos e praças abandonadas. Entre os benefícios de haver uma horta comunitária em sua região está o fato de poder colher alimentos orgânicos fresquinhos, fazer novas amizades e exercer a autogestão e a cidadania na prática.

## Sobre nossos hábitos

Uma das principais dificuldades para cuidar do meio ambiente é o fato de que ele depende da colaboração de todos, em uma escala verdadeiramente planetária. Se é necessário arrumar nosso quarto, basta a nós mesmos tomar essa iniciativa. Se é preciso arrumar a casa, toda a família deve se mobilizar. Já para arrumar o bairro, é necessário conversar com os vizinhos e, talvez, com a regional da prefeitura. E para arrumar o planeta? Quanto maior é a escala da tarefa, mais pessoas precisamos reunir para nos ajudar. Justamente por isso, às vezes nos sentimos impotentes. Então, o que fazer?

Muitos ecologistas entendem que há tarefas que cabem aos cidadãos no dia a dia e tarefas que cabem às grandes corporações e aos governos. Por exemplo: definir a matriz energética de um país precisa ser resolvido majoritariamente por meio da política. Mesmo assim, um cidadão pode contribuir reduzindo o próprio consumo de energia e optando por instalar, por exemplo, aquecedores solares em sua residência.

Terceiro Momento | O cuidado com o meio ambiente    113

# Você é importante na preservação do ambiente

Como consumidor, você detém um imenso poder nas mãos, pois pode escolher a quem dar seu dinheiro, guiando o mercado. Se você compra somente produtos com selo ambiental, por exemplo, aumenta o giro de estoque desses produtos no supermercado, incentivando o proprietário a continuar comprando de produtores com consciência ambiental. Se opta por produtos de origem local, incentiva a economia regional e evita o desperdício de energia com o transporte de cargas.

Isso também vale para como você escolhe gastar seu dinheiro. Por exemplo: gastar muito dinheiro na manutenção de um automóvel favorece a indústria automobilística e a permanência de uma lógica poluidora; porém, investir um pouco em uma bicicleta para fazer pequenos percursos ajuda a diminuir o trânsito e ainda faz bem à saúde.

Por fim, como consumidor, você sempre pode optar por não consumir. Aprender a ficar satisfeito com o que se tem é uma forma de evitar o gasto desnecessário. Se você possui um celular ou um computador funcional, por que trocar por outro mais novo e jogar o antigo fora? Se seu armário está cheio, para que comprar mais roupas e sapatos? Se não usa mais alguns brinquedos, por que não doá-los?

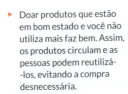

▶ Magazines realizam megaliquidações com descontos de até 70%. Pessoas se aglomeram em filas, que podem durar até dois dias, para comprar produtos que muitas vezes nem necessitam, somente para aproveitar o desconto. Recife (PE).

▶ Doar produtos que estão em bom estado e você não utiliza mais faz bem. Assim, os produtos circulam e as pessoas podem reutilizá-los, evitando a compra desnecessária.

Reduzir o consumo e repensar nossos hábitos é uma questão de ética e cidadania. São práticas que podemos adotar individualmente e que farão um grande bem ao meio ambiente. É a "arrumação de nosso quarto" em escala ambiental. É claro que, à medida que você ficar mais velho, a arrumação do bairro, da cidade, do estado e do país também será sua responsabilidade, por meio do poder de seu voto.

## PARA LER E REFLETIR

Leia o que diz Rita Mendonça em seu livro *Como cuidar do seu meio ambiente*.

### A simplicidade voluntária

Chama-se simplicidade voluntária o estilo de vida organizado de forma refletida em relação aos bens materiais. Acontece quando as pessoas estabelecem uma relação direta e desprendida com todos os aspectos da vida: o que consomem, como e com quem trabalham, o tipo de relacionamento que travam com os outros, com a natureza e com o cosmos. E a maneira de viver, que é simples por fora e rica por dentro. Acredita também que o excesso de bens materiais complica a vida e aumenta as preocupações e que passar sempre ansiando por bens materiais dispensáveis ou por uma posição social de destaque pode ser um desgaste pouco compensador.

Apesar de esse estilo de vida ter um crescente número de adeptos no mundo moderno, que se envolveram principalmente por causa de reflexões em relação às questões ambientais, trata-se de uma ideia muito antiga, que está na base do cristianismo, mas que já vinha sendo posta em prática nas religiões orientais. No taoismo, doutrina filosófica chinesa, há uma máxima de Lao-Tsé (c.570 a.C.-490 a.C.), seu fundador, que diz: "Aquele que sabe que o que tem é suficiente, é rico". A novidade dessa abordagem é a urgência de sua aplicação, dada toda a problemática ambiental atual.

A simplicidade voluntária acredita que aquele que utiliza mais do que lhe caberia de recursos naturais (se fôssemos repartir igualmente os recursos naturais do planeta) está roubando esse "a mais" de alguém. [...]

O escritor, teólogo e líder religioso Richard Foster, autor de vários livros, dentre eles *Liberdade da simplicidade*, indica alguns passos para quem quer se envolver nesse movimento:

- procure ser mais crítico em relação à publicidade;
- tente refletir sobre suas necessidades e não aja por impulso;
- enfatize a qualidade de vida e não a quantidade de vida;
- pratique uma recreação saudável, feliz e livre de aparelhos;
- aprenda a comer sensata e sensivelmente;
- conheça a diferença entre viagens significativas e viagens desnecessárias;
- procure comprar coisas por utilidade, em vez de *status*;

[...]

MENDONCA, Rita. *Como cuidar do seu meio ambiente*. São Paulo: BEĨ, 2010. p. 240-242. (Coleção Entenda e Aprenda).

**Terceiro Momento** | O cuidado com o meio ambiente  **115**

# MOMENTO DE REFLEXÃO

**1.** Você se julga uma pessoa consumista? Justifique sua resposta.

**2.** Em sua opinião, é possível viver a simplicidade voluntária atualmente? Justifique sua resposta.

**3.** Você já comprou algum produto somente por causa da propaganda ou da pressão de um vendedor? Em caso afirmativo, como você se sentiu depois desse tipo de compra?

**4.** Dê uma sugestão de como podemos evitar o consumismo e as compras desnecessárias.

# MOMENTO DE **ATENÇÃO PLENA**

Sente-se bem confortavelmente, sinta todo seu corpo e relaxe, fique em silêncio! Agora, inspire e expire profundamente, várias vezes.

Aprendemos neste Diálogo que "Aquele que sabe que o que tem é suficiente é rico". Vamos refletir sobre nossas necessidades. Para isso, vamos recorrer novamente à visualização, à nossa tela mental.

Tente lembrar de tudo que tem: traga para sua tela mental cada objeto que possui. À medida que você for vendo cada um desses objetos, pergunte-se: Qual foi a última vez que utilizei esse objeto? Ele é importante na minha vida? Quando responder essas perguntas, tente trazer à sua tela mental o próximo objeto. Sempre que visualizar um objeto seu que não é importante, pense: Ele poderia ser importante para outra pessoa? Em sua tela mental, visualize desfazendo-se desse objeto, alguém recebendo-o e a felicidade que esse momento traz.

Visualize os momentos importantes de sua rotina. Agora responda: Do que você precisa para se sentir mais feliz e realizado, hoje e agora?

# COMPROMISSO DA SEMANA

Meu compromisso desta semana é seguir as orientações de Richard Foster:

1. tentar refletir sobre minhas necessidades e não agir por impulso;

2. enfatizar a qualidade de vida e não a quantidade de vida;

3. praticar alguma recreação saudável, feliz e livre de aparelhos eletrônicos (dança, caminhada, vôlei, basquete, natação...);

4. comer de maneira sensata e com sensibilidade, valorizando e apreciando os alimentos;

5. comprar objetos apenas por sua utilidade, não pelo *status* que eles proporcionam.

No final da semana, escreverei um relato da experiência de seguir essas orientações ao longo da semana.

## MEUS **PENSAMENTOS**

*Anote aqui o que mais o marcou durante as reflexões deste diálogo. É possível que tenha sido uma ideia, um desejo, um sentimento, uma descoberta, uma proposta...*

*Caso queira, aproveite a oportunidade e ilustre seus sentimentos.*

## DIÁLOGO 14
# A grandeza da Terra

Cânion Itaimbezinho. Parque Nacional de Aparados da Serra. Cambará do Sul (RS).

## As relações ecológicas

A **Ecologia** é uma disciplina da Biologia que se dedica a estudar as relações entre os seres vivos e o meio natural em que habitam. A palavra é derivada do grego *oikos*, que significa "casa ou hábitat". O termo foi usado pela primeira vez por um cientista chamado Haeckel, que estava preocupado em estudar a adaptação de certos organismos ao ambiente em que vivem. Com o desenvolvimento desse campo, foram criados vários conceitos importantes para o cuidado com nossa casa, a Terra.

Um dos mais importantes talvez seja a ideia de **ecossistema**. Um ecossistema é formado pelo conjunto de fatores de uma região que possibilita a vida de um ser. Esses fatores abrangem a incidência de luz, a variação de temperatura anual e diária, a incidência de ventos, as características das águas e dos solos etc.

O conceito inclui outros seres vivos e suas funções para a estabilidade da vida naquela região. Assim, as trocas gasosas realizadas pelas plantas, os processos de decomposição acelerados por bactérias e fungos, os processos de polinização por insetos e a dispersão de sementes por pássaros contribuem para que um ecossistema funcione de maneira estável.

# A importância das relações ecológicas

▶ O lobo-guará está ameaçado de extinção, especialmente por causa da destruição do Cerrado para a ampliação da agricultura mas também por atropelamentos e caça.

Você sabia que, enquanto alguns seres precisam cooperar para que possam sobreviver, outros entram em competição aberta, seja em busca de luz, seja de alimentos? Dessa forma, ao mesmo tempo que duas espécies podem precisar estar juntas para sobreviver, a existência de predadores e parasitas contribui, muitas vezes, para que o número total da população de cada espécie em um ambiente permaneça na proporção exata para a manutenção da vida no **ecossistema**.

Por causa da complexidade desses sistemas, é muito difícil controlá-los e entendê-los. Em alguns casos, sabemos que a interferência humana pode desequilibrar um ecossistema, mudando suas características essenciais. Isso pode acontecer quando alteramos as características dos solos, das águas, da vegetação, do ar, da temperatura ou quando exterminamos algumas espécies do sistema.

▶ Degelo na Antártica.

**Terceiro Momento** | O cuidado com o meio ambiente

Não devemos pensar que o ser humano está fora das **relações ecológicas** e dos **ecossistemas**. Nós também estabelecemos relações de cooperação com outros animais – muitas vezes somos seus predadores – e precisamos de um ambiente com características específicas para sustentar nossa vida. Portanto, as mudanças ambientais também podem ameaçar nossa sobrevivência.

Seja como for, é necessário entendermos que, para que os ecossistemas existam, ocorre um processo contínuo de adaptação das espécies. A adaptação delas ao hábitat é construída ao longo de milhares e milhares de anos. A própria vida evoluiu ao longo de bilhões de anos para chegar à forma atual no planeta. Por isso mesmo, quando impulsionamos mudanças muito rápidas, como o aquecimento do planeta, a retirada de vegetação e a contaminação das águas, podemos pôr em risco várias espécies.

O resultado disso é a redução da **biodiversidade** da Terra, ou seja, a redução do número de espécies nos ecossistemas. Como cada espécie tem uma função, podemos desencadear processos cada vez maiores de desestruturação e ameaça à vida no planeta.

Se você já percebeu a complexidade de todo esse sistema, então deve estar entendendo também que não somos capazes de controlar tudo. Quando causamos mudanças significativas nos ecossistemas, dificilmente teremos condições de consertá-las. Em vários casos, como na extinção de espécies, provocamos mudanças irreversíveis, cujo impacto no restante do mundo é extremamente danoso. Por isso devemos respeitar a natureza e cuidar muito bem dela, pois ela se vale de um sistema extremamente inteligente para sustentar a vida no planeta.

▶ Urso-polar (*Ursus maritimus*) é uma espécie classificada como vulnerável pela União Internacional para a Conservação da Natureza e dos Recursos Naturais. Entre as ameaças a ele estão o desenvolvimento da região pela exploração de petróleo e gás natural, contaminação por poluentes, caça predatória e mudanças climáticas. Há centenas de anos, o urso-polar tem sido uma figura-chave na vida cultural, espiritual e material dos povos indígenas do Ártico, participando de muitas de suas lendas e contos.

## PARA
## LER E REFLETIR

[...] A cultura ecológica não se pode reduzir a uma série de respostas urgentes e parciais para os problemas que vão surgindo à volta da degradação ambiental, do esgotamento das reservas naturais e da poluição. Deveria ser um olhar diferente, um pensamento, uma política, um programa educativo, um estilo de vida e uma espiritualidade que oponham resistência ao avanço do **paradigma tecnocrático**. Caso contrário, até as melhores iniciativas ecologistas podem acabar bloqueadas na mesma lógica globalizada.

[...]

Todavia, é possível voltar a ampliar o olhar, e a liberdade humana é capaz de limitar a técnica, orientá-la e colocá-la a serviço de outro tipo de progresso, mais saudável, mais humano, mais social, mais integral. De fato, verifica-se a libertação do paradigma tecnocrático em algumas ocasiões. Por exemplo, quando comunidades de pequenos produtores optam por sistemas de produção menos poluentes, defendendo um modelo não consumista de vida, alegria e convivência. [...]

Além disso, as pessoas parecem já não acreditar num futuro feliz nem confiam cegamente num amanhã melhor a partir das condições atuais do mundo e das capacidades técnicas. Tomam consciência de que o progresso da ciência e da técnica não equivale ao progresso da humanidade e da história, e vislumbram que os caminhos fundamentais para um futuro feliz são outros. Apesar disso, também não se imaginam renunciando às possibilidades que oferece a tecnologia. [...]

**Abrandar:** fazer diminuir ou diminuir de intensidade; suavizar.

**Megalômano:** aquele com gosto exagerado ou obsessão por tudo que é grandioso, valioso, imponente, majestoso, que o leva a supervalorizar ou idealizar as coisas de modo a perder a noção da realidade; quem tem mania de grandeza.

**Paradigma:** padrão ou modelo a ser imitado ou seguido.

**Tecnocrata:** aquele que governa, administra ou executa funções valorizando apenas soluções técnicas para os problemas, sem considerar aspectos humanos e sociais.

O que está acontecendo põe-nos perante a urgência de avançar em uma corajosa revolução cultural. A ciência e a tecnologia não são neutras, mas podem, desde o início até o fim de um processo, envolver diferentes intenções e possibilidades que se podem configurar de várias maneiras. Ninguém quer o regresso à Idade da Pedra, mas é indispensável **abrandar** a marcha para olhar a realidade de outra forma, recolher os avanços positivos e sustentáveis e ao mesmo tempo recuperar os valores e os grandes objetivos arrasados por um desenfreamento **megalômano**.

PAPA Francisco. *Carta Encíclica Laudato Si'* – Sobre o cuidado da casa comum. São Paulo: Paulinas, 2015. p. 92-95.

**1.** Como você interpreta a seguinte frase do texto: "Ninguém quer o regresso à Idade da Pedra, mas é indispensável abrandar a marcha para olhar a realidade de outra forma".

## AMPLIANDO O CONHECIMENTO

### História

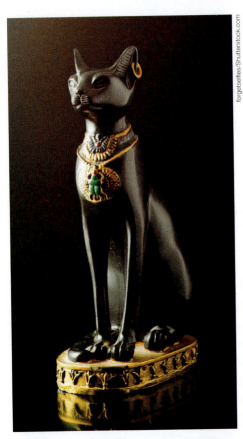

▶ Reverenciada por homens e mulheres na 2ª dinastia do Egito (entre 2890 a.C. e 2670 a.C.), Bastet era representada pela figura de uma mulher com cabeça de gato. Ela era considerada protetora do lar, da vida doméstica, da fertilidade, do parto, dos segredos femininos e dos gatos.

Todas as sociedades humanas mantiveram ou mantêm relações próprias com a natureza. O fato de os primeiros seres humanos necessitarem buscar alimentação e abrigo fez com que precisassem usar recursos da natureza. Assim, passaram a interagir com ela, pensar a respeito da vida e desenvolver estratégias de sobrevivência.

Apesar dessa relação em comum com as sociedades do passado, é importante notar que hoje enxergamos a natureza de modo muito distinto.

As civilizações antigas conheciam pouco os processos biológicos, climáticos e geográficos, de modo que não entendiam o comportamento de bandos de animais, os ciclos de reprodução das plantas e os grandes fenômenos meteorológicos como entendemos atualmente. Por isso, a forma pela qual construíram seu pensamento sobre o assunto foi baseada em crenças místicas ou religiosas, que associavam os fenômenos naturais a deuses ou entidades invisíveis.

Enquanto fenômenos como as tempestades, os terremotos e as erupções vulcânicas eram atribuídos à ira dos deuses; as boas colheitas, a regularidade das estações e a passagem de bandos de animais eram vistas como dádivas. Muitas foram as sociedades que organizavam festas em homenagem aos momentos de colheita, como forma de agradecimento aos deuses. Isso era comum na maior parte da Europa durante a Idade Média, no Egito Antigo, na Grécia, em Roma e em várias outras civilizações.

▶ As tempestades já foram consideradas castigo e ira dos deuses.

▶ Estátua da deusa sentada Parvati na margem do Rio Ganga, em Rishikesh, Índia. Trata-se da deusa-mãe no hinduísmo e, nominalmente, a segunda consorte de Shiva, o deus hindu da destruição e renovação.

Uma crença bastante interessante, no entanto, era a da Grande Mãe, na Mesopotâmia. Com tecnologias bem menos avançadas do que as atuais, muitas sociedades percebiam com mais facilidade do que as sociedade urbanas de hoje as relações íntimas que mantinham com a Terra. Percebiam o tanto que o solo, o clima e as águas eram importantes como sustentação da vida. Da mesma forma, notavam o milagre da concepção e do aleitamento materno, nutrindo grande respeito pela terra e pelas mulheres. Não é à toa que, mesmo em culturas mais recentes, frequentemente as deusas da fertilidade e da abundância foram relacionadas a figuras femininas.

Não devemos pensar que essas sociedades não provocaram impactos ambientais ou que mantinham uma relação de pureza com o entorno. Mas cabe refletir até que ponto nosso apreço pelas tecnologias nos fez perder de vista nossa proximidade com a Terra, com os animais e com o milagre da vida. Será que a obsessão pelo controle e conhecimento científico nos tornou arrogantes? Será que ainda somos capazes de respeitar a Terra como nossa principal e única provedora?

▶ Millennial Gaia. Em muitas culturas pagãs, ou seja, que não adotam o sacramento do batismo ou são politeístas, a Grande Mãe é reverenciada como Gaia.

**1.** Faça uma breve pesquisa na internet sobre os eventos que causaram os maiores impactos ambientais da história. Cite o evento que mais o impressionou e proponha uma forma pela qual você acredita que ele poderia ter sido evitado.

_____
_____
_____
_____

**2.** Sabemos que desde a origem da humanidade nossa ação no mundo vem provocando impactos ambientais, como a extinção de espécies e o desmatamento. Em sua opinião, o que diferencia os impactos atuais daqueles causados na Antiguidade?

_____
_____
_____

**Terceiro Momento** | O cuidado com o meio ambiente

## AMPLIANDO O CONHECIMENTO
### Filosofia

Observe o seu corpo. De que é feito? De células. Trilhões de células. Da fusão de duas células – o espermatozoide e o óvulo – nasce o ser humano, homem ou mulher. Como a semente contém a mangueira em potencial e o ovo, a galinha [...], o feto encerra o ser humano completo – membros e órgãos, inteligência e aptidões. [...]

De que são feitas as nossas células? De moléculas. Todo ser vivo – gente, animais, plantas – é feito de células. Todo ser não vivo – areia, água, pedra – é feito de moléculas. [...]

[...] E onde são feitos os átomos? Em um único forno: o calor das estrelas. Explico: imagine uma padaria. Quase tudo ali é feito de uma única matéria-prima – a farinha de trigo. Com ela se fazem pães e bisnagas, bolos e tortas, biscoitos e doces. Do mesmo modo, a farinha de trigo do Universo é o átomo de hidrogênio, o número 1. À medida que ele cozinha no calor das estrelas, muda de "ponto" [...] e assim adquire nova qualidade: o átomo de hidrogênio transforma-se em átomo de hélio, o hélio em lítio, o lítio em oxigênio etc.

[...]

Os mesmos elementos químicos que se encontram na Terra acham-se também em nosso corpo. Nosso corpo e a Terra têm a mesma proporção de água: 70%. Como a Terra, nosso corpo possui protuberâncias e grutas, ondulações e sistemas de irrigação, e até matas em formas de pelos que protegem a fonte da vida.

Somos filhos da Terra. Ela é nossa mátria. Tem 4,5 bilhões de anos. Nela, a vida surgiu há 3,5 bilhões de anos; e a vida humana, há cerca de 2 milhões de anos. Já reparou que a nossa vida é uma respiração boca a boca com a natureza? Do nascimento à morte, jamais deixamos de respirar. Morreríamos se não absorvêssemos o oxigênio que nos é fornecido pelas plantas e algas dos oceanos. Se as florestas forem destruídas e os oceanos, contaminados, a vida na Terra desaparecerá. E quando expiramos, soltamos ar pelas narinas e pela boca, devolvendo gás carbônico à natureza. As plantas e os plânctons nutrem-se de gás carbônico. Eis a respiração boca a boca.

FREI Betto. *Reinventar a vida*. Petrópolis: Vozes, 2014. p. 158-160.

### MOMENTO de PROSA

**01** Em que se fundamenta a ideia de que a matéria de nosso corpo é composta de outros seres que fazem parte da história do Universo?

**02** De acordo com o texto, a vida em toda a Terra está profundamente entrelaçada. Explique esse entrelaçamento e como ele se relaciona ao conceito de ecossistema estudado.

# MOMENTO DE REFLEXÃO

**1.** Volte à página 121, leia a frase do papa Francisco, que está grifada em azul, e depois a reescreva com suas palavras no caderno.

**2.** Quais são as consequências da redução da biodiversidade?

_____
_____
_____

**3.** Em sua opinião, o que é mais fácil: manter um ecossistema ou reconstruí-lo? Justifique.

_____
_____
_____

**4.** Já vimos que a criatividade é muito importante para superar a crise ecológica que vivemos, mas em alguns casos ela também pode se tornar um problema. Pesquise:

**a)** um caso em que a invenção piorou a relação entre a humanidade e o ambiente;

_____
_____
_____

**b)** um caso em que a invenção melhorou a relação entre a humanidade e o ambiente.

_____
_____
_____

**5.** Faça dupla com um colega e, juntos, em uma folha avulsa, elaborem um texto que expresse o reconhecimento, o respeito, o cuidado e a gratidão de vocês pela Mãe Terra.

Terceiro Momento | O cuidado com o meio ambiente

## PENSE
### NISSO

O reconhecimento e a gratidão nos fazem mais humanos. Uma pessoa só pode se realizar quando aprende a reconhecer o próprio valor, o valor do outro, da vida e das coisas. Sendo assim, só seremos verdadeiramente humanos à medida que reconhecemos a grandeza e o valor de tudo que nos rodeia. Só somos verdadeiramente humanos quando, plenos de gratidão, cuidamos de nós mesmos, do outro e da natureza que nos acolhe, nos dá o "sustento", nos dá vida. Essa é uma questão ética, cidadã, de responsabilidade e de cuidado pelo futuro da terra e da humanidade.

## COMPROMISSO
## DA SEMANA

Meu compromisso desta semana é refletir até que ponto minha dependência das tecnologias está me afastando das pessoas, da Terra, dos animais e da vida que me cerca. Após essa reflexão, proponho-me a proteger o ecossistema mais próximo de mim: minha casa e minha escola.

Vou manter a limpeza, a organização e o relacionamento afetuoso, capaz de construir a harmonia e a paz.

## MEUS PENSAMENTOS

*Anote aqui o que mais o marcou durante as reflexões deste diálogo. É possível que tenha sido uma ideia, um desejo, um sentimento, uma descoberta, uma proposta...*

*Caso queira, aproveite a oportunidade e ilustre seus sentimentos.*

# DIÁLOGO 15
# Projeto de vida

▶ Para pensar um projeto de vida é preciso ficar atento à necessidade de cooperação e abundância. Como mostra a floresta, quem não cumpre sua função não cresce e ainda prejudica quem está ao seu redor.

## Sentido da vida

Os esforços da ciência para compreender a vida são legítimos e têm trazido muitos benefícios para a saúde e para a compreensão de nós mesmos. Apesar disso, há certas questões que talvez ela nunca seja capaz de responder: Qual é o sentido da vida? Por que estamos aqui? Qual é nosso objetivo? Quando se deparar com essas questões, não pense que precisa entender completamente a vida para que ela seja valorizada. Apenas cuide dela, proteja-a. Viva. A única coisa que sabemos é que a vida é frágil, passageira e valiosa, por isso deve ser protegida e desfrutada numa celebração contínua.

O que se percebe hoje é uma grave alteração na vida do ser humano, tanto por causa da poluição atmosférica quanto pelas alterações na temperatura mundial. O mais preocupante, contudo, é constatar que, mesmo sabendo disso, a humanidade segue contaminando as águas, o ar, promovendo queimadas e derrubada de árvores em todas as florestas do mundo. Isso acontece por causa da falta de consciência ambiental e do foco no capital, da ambição e da busca pelo lucro, que prejudicam cada vez mais a natureza e a própria espécie humana.

Terceiro Momento | O cuidado com o meio ambiente   **127**

# O grande poder da natureza sobre nós

Quando nos conectamos com a natureza, sentimos que nos conectamos também com nossa essência, pois somos parte da natureza. A natureza nos faz pensar no sentido de nossa vida. Dela recebemos o que precisamos: a água, os alimentos, a luz, o vento... tudo. É a dádiva mais verdadeira e generosa que existe. A natureza silenciosamente nos dá uma grande lição: tudo acontece em seu tempo e nada pode ser apressado.

Tanto os humanos quanto os animais são gerados em determinado período e há uma época certa do ano para as flores nascerem, crescerem e florirem. O sol, a lua, as estrelas e as plantas cumprem, em um tempo definido, o seu papel dia após dia. Por tudo isso temos muito que aprender com a natureza e deveríamos ser mais gratos e generosos com ela, protegendo-a com total empenho.

Leia, a seguir, o que o livro do Gênesis nos diz sobre nossa responsabilidade no cuidado com a natureza.

E Deus disse: "Vejam! Eu entrego a vocês todas as ervas que produzem semente e estão sobre toda a terra, e todas as árvores em que há frutos que dão semente: Tudo isso será alimento para vocês. E para todas as feras, para todas as aves do céu e para todos os seres que rastejam sobre a terra e nos quais há respiração de vida, eu dou a relva como alimento. E assim se fez".

GÊNESIS 1:29. *In*: BÍBLIA SAGRADA – EDIÇÃO PASTORAL. [*S. l.*: *s. n*], [20--?]. p. 1406.

▶ Ser grato pela vida inclui preservar o ambiente e desfrutá-lo com sabedoria.

## MOMENTO de PROSA

**01** Que pessoas, vivências e objetivos dão sentido à sua vida?

**02** Em sua opinião, o contato com a natureza pode nos ajudar a dar sentido à vida? Explique.

**03** Existem muitas maneiras de celebrar a vida. Como você costuma celebrar a sua?

## PARA LER E REFLETIR

### Há metafísica bastante em não pensar em nada

[...]

Que ideia tenho eu das cousas?
Que opinião tenho sobre as causas e os efeitos?
Que tenho eu meditado sobre Deus e a alma
E sobre a criação do Mundo?

Não sei.
Para mim pensar nisso é fechar os olhos
E não pensar.
É correr as cortinas
Da minha janela (mas ela não tem cortinas).

[...]

Mas se Deus é as flores e as árvores
E os montes e sol e o luar,
Então acredito nele,
Então acredito nele a toda a hora,
E a minha vida é toda uma oração e uma missa,
E uma comunhão com os olhos e pelos ouvidos.

E por isso eu obedeço-lhe,
(Que mais sei eu de Deus que Deus de si próprio?).
Obedeço-lhe a viver, espontaneamente,
Como quem abre os olhos e vê,
E chamo-lhe luar e sol e flores e árvores e montes,
E amo-o sem pensar nele,
E penso-o vendo e ouvindo,
E ando com ele a toda a hora

PESSOA, Fernando. *Poemas completos de Alberto Caeiro.*
São Paulo: Companhia Editora Nacional, 2007.
p. 29-33. (Coleção Lazuli).

**Metafísica:** percepção e entendimento daquilo que vai além da experiência sensível. Diz respeito às ideias, ao ser, a Deus etc.

**1.** Cite um sentimento ou uma emoção que o poema e a imagem lhe causam.

Terceiro Momento | O cuidado com o meio ambiente **129**

## AMPLIANDO O CONHECIMENTO
*Autoconhecimento*

No texto a seguir, Cortella afirma que é importante ter ambição. Acrescentamos que a ambição saudável está muito relacionada ao sentido da vida. Ela nos impulsiona a focar nossos objetivos e favorece a realização pessoal. A ambição ruim, porém, é aquela que leva as pessoas a desmatar florestas, jogar rejeitos industriais nos rios, poluir o ar, passar por cima de bons princípios e valores e serem desonestas e corruptas, visando ao lucro. Esse tipo de ambição não é bom e devemos evitá-lo.

### Ambição

Ambição é uma palavra que geralmente é interpretada como vício. Costuma-se até confundir a pessoa ambiciosa com a gananciosa, ou seja, a que quer tudo para ela, a qualquer custo, uma pessoa, até do ponto de vista psicológico, egoísta.

A ambição é muito importante, mas entendida como virtude, e não vício. A ambição de querer saber mais, conhecer mais e desejar uma carreira mais estruturada, uma formação mais completa e uma condição material melhor leva ao conhecimento e ao progresso. Nesse sentido, a ambição se diferencia da ganância, que é querer alcançar algo só para si, a qualquer custo. E é um custo que jamais deve ser pago, porque é eticamente apodrecido. A ambição movimenta a capacidade de busca com afinco e da melhor forma. É preciso fazer da ambição um caminho virtuoso.

O filósofo espanhol Miguel de Unamuno dizia que "quem não sente a ânsia de ser mais, não chegará a ser nada". É preciso ter um projeto, um desejo de se desenvolver, de ir adiante, de crescer, não só para si, nem a qualquer custo, mas para fazer com que a vida siga num patamar superior em relação à capacidade ética, ao desenvolvimento profissional, à aquisição do conhecimento e à boa convivência.

CORTELLA, Mario Sergio. *Pensar bem nos faz bem!* Família, carreira, convivência e ética. Petrópolis: Vozes, 2013. v. 2, p. 23.

▶ Para conquistar metas e sonhos é necessário estar conectado com a ambição saudável, aquela que nos impulsiona a progredir.

**1.** Cortella mostra que a ambição, em si, não é um mal. Em sua opinião, quando a ambição é benéfica e quando se torna uma ameaça?

130

# PARA LER E REFLETIR

### A celebração da vida humana individual

[...]

Os sistemas, as instituições, as ciências, as técnicas e as escolas não possuem o que cada pessoa humana possui: a consciência, a amorosidade, o cuidado, a criatividade, a solidariedade, a compaixão e o sentimento de pertença a um Todo maior que nos sustenta e anima.

Seguramente não somos o centro do universo, mas somos aqueles pelos quais o universo se pensa, conscientiza e vê a sua esplêndida beleza. Somos o universo que chegou a sentir, a pensar, a amar, a cuidar e a venerar. Essa é nossa dignidade, que deve imbuir cada pessoa da nova era planetária.

Devemos nos sentir orgulhosos em poder desempenhar essa missão para todo o universo. E somente cumprimos com nossa missão se cuidarmos de nós mesmos, dos outros, da Terra e de cada ser que aqui habita. [...]

BOFF, Leonardo. *O cuidado necessário*. Petrópolis: Vozes, 2013. p. 266-267.

**1.** O texto diz "não somos o centro do Universo, mas somos aqueles pelos quais o Universo se pensa, conscientiza e vê a sua esplêndida beleza". Reescreva essa frase com suas palavras.

# MOMENTO DE **REFLEXÃO**

**1.** Qual é a diferença entre ganância e ambição? Exemplifique.

_____
_____
_____

**2.** Reflita sobre sua vida e, no caderno, proponha uma meta ambiciosa, mas realista, para você atingir em cada aspecto a seguir.

**a)** Estudos

_____
_____

**b)** Profissão

_____
_____

**c)** Convivência

_____
_____

**d)** Esportes

_____
_____

**3.** Identifique corretamente os comportamentos abaixo indicando com o número 1 aqueles que são ambiciosos e com o número 2 aqueles que são gananciosos.

**a)** (   ) Organizar o horário de estudos para aprimorar meu aprendizado.

**b)** (   ) Em um jogo de futebol, fazer propositalmente uma falta perigosa (que ameaça a integridade física do melhor jogador do outro time) para vencer.

**c)** (   ) Maldizer um colega que está interessado na mesma pessoa que eu.

**d)** (   ) Praticar esportes com frequência e determinação para manter minha saúde.

## PENSE NISSO

Foi assim que se construiu a ciência: não pela prudência dos que marcham, mas pela ousadia dos que sonham. Todo conhecimento começa com o sonho. O conhecimento nada mais é que a aventura pelo mar desconhecido, em busca da terra sonhada. Mas sonhar é coisa que não se ensina. Brota das profundezas do corpo, como a água brota das profundezas da terra. Como Mestre só posso então lhe dizer uma coisa: "Conte-me os seus sonhos, para que sonhemos juntos!".

ALVES, Rubem. *A alegria de ensinar*. Campinas: Papirus, 2000. p. 87.

## COMPROMISSO DA SEMANA

Meu compromisso desta semana é refletir todas as manhãs sobre qual é o sentido que estou buscando para minha vida.

No final do dia, vou anotar no meu diário o que fiz de significativo para dar à minha vida o sentido que estou buscando.

## MEUS PENSAMENTOS

*Anote aqui o que mais o marcou durante as reflexões deste diálogo. É possível que tenha sido uma ideia, um desejo, um sentimento, uma descoberta, uma proposta...*

*Caso queira, aproveite a oportunidade e ilustre seus sentimentos.*

## PARA SE INSPIRAR

**Livro**

**Um urso branco em Nova York**, de Jussara Braga (Editora do Brasil).

Ao contar sua trajetória, o urso Kim tenta chamar a atenção das autoridades para a necessidade de preservação do planeta e de seu hábitat. As geleiras estão derretendo devido ao aquecimento global; os oceanos, tornando-se cada vez mais poluídos; os animais, sendo caçados pelos humanos; e Kim, com seu emocionante discurso, quer alertar o mundo todo antes que seja muito tarde.

# Revivendo os diálogos

**01** O que foi mais significativo para você no estudo deste Terceiro Momento? Justifique sua resposta.

**02** Explique o que é desenvolvimento sustentável e mostre como ele representa uma forma de cuidado com a natureza e com as gerações futuras.

**03** Explique a importância da iniciativa pessoal e da criatividade para a ampliação do cuidado com a natureza.

**04** Como podemos distinguir o consumo necessário do supérfluo?

### Livro

**O vale das utopias**, de Carlos Marianidis (Editora do Brasil).

O livro traz uma narrativa recheada de fantasia mas também de realidade. A história comovente e mágica vivida por seus personagens é um convite à reflexão, com importantes discussões a respeito da sociedade, do meio ambiente e dos direitos humanos, que não são – nem podem ser – apenas utopia.

### Filme

**O dia depois de amanhã**, de Roland Emmerich (124 min).

Nesse filme de ficção, o climatologista Adrian Hall tenta salvar a Terra das alterações climáticas que modificam drasticamente a vida da humanidade. Com o norte se resfriando cada vez mais e passando por uma nova era glacial, milhões de sobreviventes rumam para o sul.

**05** Explique os principais conceitos do direito ambiental contemporâneo, listados a seguir.

a) Mitigação

b) Prevenção

c) Precaução

d) Compensação

**06** Relacione ambição com objetivos de vida.

Quarto Momento

# Cuidado e valorização da vida

A vida é nosso dom mais precioso, e para desfrutá-la de forma plena é fundamental termos consciência de cuidado e responsabilidade. Sem autocuidado, não há vida.

A sexualidade bem vivida, a prática da gratidão, a maneira de lidar dignamente com a perda, com o luto, tudo isso é valorização da vida e está relacionado com o cuidado consigo mesmo e com o outro. A vida sempre traz experiências a serem celebradas. Ela, mesmo na rotina diária, é rica e valiosa.

Mas como podemos demonstrar nossa gratidão e nosso respeito pela vida? Quais ações cotidianas indicam a valorização do tempo que nos foi dado? Neste Quarto Momento, refletiremos sobre temas que nos ajudarão a respeitar, valorizar e proteger a vida.

Tenha em mente: precisamos agradecer e celebrar sempre a vida, lembrando que ela é frágil, única e muito sábia.

## DIÁLOGO 16 — Afetividade e sexualidade

▶ As relações afetivas são importantes, mas exigem muitas responsabilidades.

## A afetividade e o cuidado

A afetividade vinculada à sexualidade, que em geral aflora na adolescência, é uma realidade psíquica que envolve toda a personalidade do ser humano.

O adolescente é um ser em ebulição. A adolescência é uma etapa em que ocorrem grandes transformações no corpo e na mente; uma etapa de crescimento e amadurecimento que deve ser vivida com carinho e cuidado. É nesse momento que os jovens precisam aprender que a iniciação na vida sexual é coisa séria e exige muita responsabilidade.

É preciso conhecer as formas de contracepção para evitar uma gravidez precoce, assim como os riscos de contrair infecções sexualmente transmissíveis (IST). Nesse sentido, vários cuidados são necessários para que a vivência da sexualidade ocorra de forma tranquila e prazerosa: com atenção à própria saúde e à saúde do outro.

Saiba: o que você está vivenciando é um processo natural, e é importante se sentir seguro, sem temer essa etapa do desenvolvimento humano.

# Conhecimento é poder!

O jovem que procura se informar, que conversa com os pais, com seus médicos e com a pessoa com quem está se relacionando é capaz de vivenciar as primeiras experiências amorosas de maneira tranquila e saudável. Não é preciso ter medo de se relacionar, contanto que a vivência da sexualidade seja um desejo de ambos e aconteça em um ambiente propício, num clima de afeto e respeito, com prudência e diálogo.

▶ Conhecer os métodos anticoncepcionais é fundamental para quem pretende iniciar a vida sexual. Peça orientações seguras, dialogue com sua família, professores e visite médicos, pois informações científicas e corretas ajudam a prevenir gravidez e doenças sexualmente transmissíveis.

Trata-se de uma experiência de aprendizado e amadurecimento. A iniciação sexual é um dos momentos mais significativos da nossa vida, e precisa ser vivenciada com atenção e total respeito de um para com o outro.

Tenha em mente que vivenciar uma primeira experiência sexual, dentro de um relacionamento, não faz do parceiro seu dono. Ninguém é dono de ninguém. Dê espaço para que o outro respire, elabore seus sentimentos, aproxime ou se afaste quando sentir necessidade.

Respeitem os anseios e limites um do outro, possibilitando o desenrolar saudável das amizades, a convivência familiar, as tarefas diárias...

Lembre-se: um casal não é formado por metades que se completam, mas por dois inteiros que se tornam melhores juntos. Cada um tem sua identidade, seus sonhos e seus valores. Juntos, esses sonhos são compartilhados e fortalecidos enquanto um ajuda o outro a dar o melhor de si.

▶ Extremamente importante em qualquer relacionamento, o diálogo é ainda mais fundamental no momento em que se está descobrindo a própria sexualidade.

**Quarto Momento** | Cuidado e valorização da vida  **139**

# Sexualidade e responsabilidade

A adolescência é o início da vivência do amor romântico e da sexualidade. É a fase de se empolgar com experiências completamente novas, mas é também o momento de aprender a agir com responsabilidade para não comprometer suas expectativas, seu futuro e a vida da família, que espera e deseja o melhor para você.

Às vezes, o amor juvenil é repleto de paixão e desejo de que tudo dure para sempre; porém, é necessário aprender a trabalhar com frustrações para reconhecer que um relacionamento pode não ser duradouro, nem mesmo compensador, e até perder o brilho e o significado.

Aprender a lidar com a separação, com o fracasso e com a frustração é tão importante quanto aprender a conviver em harmonia. Pessoas que se amam de verdade querem o melhor uma para a outra, e às vezes isso significa terminar um relacionamento que já não está sendo bom para os dois.

A experiência do término sempre será traumática, pois costuma haver o sentimento de rejeição, que muitas vezes se transforma em raiva, mágoa, tristeza e decepção. É importante viver essas emoções, mantendo-as, porém, sob controle. Nessas horas, é preciso saber que os sentimentos são passageiros, e às vezes são necessários algum tempo e alguma distância até que as feridas se curem e os envolvidos possam voltar a ser bons amigos.

Todo relacionamento é um aprendizado. O diálogo, o respeito e o cuidado são o caminho para que haja menos erros e mais acertos, para que a verdade, o bem e o amor prevaleçam. Não tenha medo, viva; mas sempre tenha muito cuidado com os sentimentos do outro.

▸ Na adolescência, tendemos a acreditar que todo amor é para sempre e que um coração partido nunca se cura. Na separação, é difícil não acreditar nisso, mas dê tempo ao tempo. Logo se percebe que existem muitas outras pessoas interessantes!

▸ Em todo relacionamento é necessário respeito aos próprios limites e aos limites do outro.

## MOMENTO de PROSA

**01** Em sua opinião, qual é o momento certo para um primeiro relacionamento amoroso?

**02** Quais são os cuidados necessários, num relacionamento, para que o parceiro não se sinta sufocado?

**03** Em sua opinião, que comportamentos podem levar uma das pessoas da relação a se sentir sem espaço?

## PARA LER E REFLETIR

### O adolescente e a iniciação

Afinal, qual é a hora certa para o jovem se iniciar sexualmente? Essa pergunta é uma das questões mais frequentes que passam pela cabeça de pais e professores, e dos próprios adolescentes também. [...]

Na verdade, não há regra: cada adolescente precisa se sentir maduro o suficiente para encarar a prática sexual com toda a sua complexidade. O que inclui: 1. Saber lidar com a prevenção à gravidez fora de hora; 2. Estar consciente sobre como se prevenir contra as doenças sexualmente transmissíveis; e 3. Sentir-se pronto para viver o sexo em si, o que inclui o prazer, o afeto e toda a diversidade sexual em jogo nas relações. São tarefas difíceis. Mas sexo é uma prática do mundo adulto e, se o jovem resolve se lançar a ela, precisa estar ciente do grande passo que é a primeira transa. E das responsabilidades que terá de assumir consigo a partir daí. Ou seja, não dá para estipular quando alguém deve se sentir pronto a lidar com todas essas questões. Cada jovem é que terá de descobrir por si só qual é a sua hora certa, em um profundo trabalho de investigação sobre o que realmente sente e pensa em relação à vivência da sexualidade. Decidir isso requer maturidade. E também informação. A primeira delas: antes da primeira transa, moças e rapazes precisam ir ao médico (ginecologista para elas, urologista para eles). Para quê? Ambos terão de checar como anda a saúde hormonal e sexual, além de verificar a possibilidade de vacinações, como contra o vírus HPV (Papiloma Vírus Humano). [...]

Outra informação fundamental é quanto às doenças sexualmente transmissíveis. Há risco de se infectar com vírus e bactérias em qualquer prática sexual [...]. Diante disso, é necessário o uso de preservativo em todas essas práticas, sempre. [...]

O terceiro ponto a não perder de vista é a questão dos limites. Até onde ir [...]? A dica que sempre dou a adultos e também ao mundo jovem é: só se deve ir até onde aquela prática não o fere física nem emocionalmente. E também não fere a pessoa que está ao lado. Essa seria uma noção fundamental para viver relações de fato prazerosas. [...]

O mundo não vai acabar amanhã. Então, para que ter pressa de se lançar a práticas tão complexas como as sexuais? Ter calma e paciência consigo talvez seja o segredo para viver os tão desejados momentos de prazer, mas tudo no seu devido tempo.

MULLER, Laura. O adolescente e a iniciação. *O Globo*, Rio de Janeiro, 13 set. 2014. Disponível em: http://oglobo.globo.com/sociedade/o-adolescente-a-iniciacao-13924234. Acesso em: 18 nov. 2020.

# Sexualidade e autocuidado

▶ A sexualidade saudável é um processo de autorresponsabilidade e respeito. Toda e qualquer manifestação de afeto e contato físico só pode ser expressa com o consentimento de ambas as partes.

A vivência da sexualidade está muito relacionada ao tema do cuidado. Ela exige cuidado com as emoções, com a saúde, com o outro e com a vida. Cuidar inclui aprender a usar métodos contraceptivos e evitar infecções sexualmente transmissíveis – mas vai muito além disso. Existem cuidados cotidianos que são extremamente importantes para garantir o bem-estar de nosso próximo.

Um exemplo são as transgressões cometidas por pessoas que nem sequer estão em um relacionamento. É claro que, para duas pessoas se envolverem, é necessária uma manifestação de interesse, que muitas vezes ocorre por um elogio. A maneira mais comum de tentar dar início a um encontro é se aproximar de uma pessoa, puxar uma conversa e, dependendo do caso, estabelecer algum contato físico, como tocar as mãos ou o ombro dela. Contudo, tanto o diálogo quanto o toque só podem ocorrer se houver consentimento das duas partes.

Um problema recorrente muito grave é justamente a maneira com qual as pessoas abordam umas às outras, e, mais especificamente, o modo como muitos homens abordam mulheres em quem estão interessados. As "cantadas" – ou seja, o uso de frases e elogios prontos – vêm completamente fora de contexto e causam muito incômodo. Vistos como "piadas" ou como "elogios inocentes", esses comentários na realidade são formas de assédio que deixam as mulheres desconfortáveis, ameaçando a liberdade de transitar e usar o espaço público sem serem constrangidas. Pior ainda é a situação do toque indiscriminado nos transportes públicos e nas festas. A atitude de "passar a mão" em alguém constitui um abuso que viola o direito da pessoa a seu próprio corpo. É um excesso de liberdade por parte de quem abusa.

Se dissemos que a maioria das interações começa com o diálogo e o toque, então o que diferencia a manifestação de interesse do simples abuso? De maneira simples, podemos dizer que é o contexto e o consentimento. Essas formas de contato ou "flerte" podem acontecer quando é dada ao outro a oportunidade de aceitar ou não. Em uma festa, você pode se aproximar de uma pessoa, pedir licença e perguntar como ela vai. Se perceber que ela foi receptiva, que respondeu de bom grado e deu continuidade à conversa, então pode não haver problema em tecer algum elogio. A todo tempo deve haver leitura corporal. Sair de uma conversa para um toque nas mãos, por exemplo, pode causar uma reação de incômodo ou desconforto no outro. Isso é suficiente para você saber que não há consentimento. Da mesma forma, todo "não" deve significar "não". Se uma pessoa disse que não quer conversar, afastou-se ou pediu que uma dança fosse interrompida... então é sua obrigação interromper. Não é não.

Percebeu a diferença? Uma coisa é, inesperadamente, no meio da rua, assobiar para uma mulher ou tocá-la em um transporte público. Outra é construir um diálogo, perceber as emoções da outra pessoa e buscar correspondência antes de avançar.

Uma última dica: lembre-se sempre de que as pessoas têm o direito de se desinteressar e desistir de uma interação ou um relacionamento. O fato de alguém ter se interessado por um diálogo não o obriga a se interessar pelo toque. E uma pessoa que estava interessada no toque tem o direito de, no momento seguinte, pedir que pare. Ninguém é obrigado a continuar nada.

Se falamos da relação com as meninas, é porque estatisticamente elas são as mais assediadas. Mas, lembre-se, isso vale para todos, tanto homens como mulheres. Esteja atento a isso e contribua para a construção de relacionamentos mais amistosos, justos e respeitosos.

**Quarto Momento** | Cuidado e valorização da vida

# AMPLIANDO O CONHECIMENTO
*Autocuidado*

Vamos refletir sobre importantes sinais de que um relacionamento se tornou abusivo.

## Por que é tão difícil identificar um relacionamento abusivo (e sair dele)

[...]

**1 - Ciúme excessivo:** Ter inseguranças é normal, mas quando o "amor" vira justificativa para invasão de privacidade, agressão verbal, ameaças e chantagens emocionais, um limite foi ultrapassado, e isso gera uma relação de controle.

**2 - Falta de sociabilidade:** Quando o casal deixa de interagir com outras pessoas, há um sinal de alerta. O abusador faz com que a vítima corte vínculos com parentes e amigos para que possa controlá-la, sempre sob a justificativa de que "fulano não é bom para você" ou "sicrano está dando em cima de você".

**3 - Controle da vida do outro:** O controle se dá quando o parceiro começa a decidir o que o outro pode ou não fazer. Estão incluídos aí aspectos como roupa, alimentação, amigos, atividades e, em casos mais graves, até o trabalho que o parceiro pode ter ou não. "Você vai sair assim?", "é para o seu bem" ou "você fica mais bonita sem esse batom" são frases comuns.

**4 - Invasão de privacidade:** O relacionamento é a dois, mas cada um deve manter seu espaço. Se ele lê suas mensagens, *e-mails*, controla quem são seus amigos nas redes sociais ou as suas senhas sem o seu consentimento, está invadindo sua privacidade. Se você foi pressionada ou chantageada para ceder as suas senhas e o acesso a suas redes, também.

**5 - Chantagem emocional:** "Se você não fizer isso, eu vou me matar", "se você fizer aquilo, eu vou terminar tudo". A chantagem geralmente toma essas formas. Se o abusador percebe que isso funciona – que afeta a parceira e a deixa instável emocionalmente –, ele adota essa prática para manipular.

**6 - Manipulação da autoestima:** "Você não é tão linda ou interessante quanto acha que é", "você nunca vai achar alguém que te ame como eu". O abusador menospreza e, aos poucos, destrói a autoestima da parceira, fazendo com que ela passe a acreditar que ele é o único homem que vai amá-la e que, sem ele, ela vai ficar sozinha.

[...]

A psicóloga [Pamella Rossy] reforça, ainda, que, se já houve alguma ameaça ou agressão física, é importante que a vítima procure uma delegacia, preferencialmente uma especializada em atendimento à mulher (Deam). Se não for possível, a delegacia mais próxima deve acolhê-la e registrar a denúncia.

ANTUNES, Leda. Por que é tão difícil identificar um relacionamento abusivo (e sair dele). *O Globo*, Rio de Janeiro, 24 jul. 2019. Disponível em: https://oglobo.globo.com/celina/por-que-tao-dificil-identificar-um-relacionamento-abusivo-sair-dele-23825281. Acesso em: 17 nov. 2020.

**1.** Num envolvimento amoroso, o que caracteriza um relacionamento abusivo?

**2.** Qual é o limite entre assédio e cantada?

# MOMENTO DE REFLEXÃO

1. De quais valores você não estaria disposto a abrir mão para se relacionar com outra pessoa?

2. Se você estivesse inseguro em um relacionamento, a quem recorreria? Como pediria ajuda?

3. O que um casal de iniciantes pode esperar de um relacionamento saudável na adolescência?

4. Quais são as principais frustrações que um relacionamento pode trazer? Como podemos lidar com isso?

## DINÂMICA DE GRUPO

**1.** Formem cinco grupos, de acordo com a orientação do professor, e, se possível, respeitando suas afinidades.

Juntos, pesquisem as questões a seguir para serem apresentadas e discutidas com a turma.

**Grupo 1**: Quais são as principais infecções sexualmente transmissíveis (IST)?
**Grupo 2**: Quais são as formas de contaminação das IST?
**Grupo 3**: Quais são as principais formas de contracepção?
**Grupo 4**: O que é a pílula do dia seguinte?
**Grupo 5**: De acordo com os textos lidos e as reflexões feitas sobre o tema, elaborem um texto que mostre como o grupo analisa a iniciação sexual na adolescência e qual é o principal aprendizado a guardar deste Diálogo.

## COMPROMISSO DA SEMANA

Meu compromisso esta semana é refletir sobre o que quero para minha vida amorosa e o que preciso fazer para ter uma iniciação sexual respeitosa, saudável e segura. Se possível, conversar com meus pais sobre isso ou com um profissional que possa me dar uma boa orientação. Eu me comprometo a agir de maneira responsável, sempre avaliando as consequências e o risco de me magoar e magoar as pessoas que amo.

## MEUS PENSAMENTOS

*Anote aqui o que mais marcou você durante as reflexões deste Diálogo (uma ideia, um desejo, um sentimento, uma descoberta, uma proposta...).*

*Caso queira, aproveite a oportunidade e ilustre seus sentimentos.*

## DIÁLOGO 17
# O respeito e a valorização da vida

▶ Durante os primeiros sete meses da pandemia de covid-19, em 2020, a Associação Franciscana de Solidariedade (Sefras) serviu milhares de marmitas a pessoas em situação de vulnerabilidade no Largo São Francisco. São Paulo (SP).

## Os mistérios da vida

A vida é, a um só tempo, extremamente forte e muito frágil. Nos primeiros anos após o nascimento, toda vida é delicada, exige cuidados intensivos. Uma pequena falta de atenção é suficiente para que um bebê ou um filhote adoeça ou se machuque. No final da vida, também vemos como são importantes os cuidados para mantê-la, pois ela se torna mais frágil.

Talvez a maior prova da fragilidade da vida seja o próprio instinto de sobrevivência, a força irresistível que nos impede de arriscar nossa vida. Ele nos obriga a respeitá-la e valorizá-la quando estamos em perigo.

Se nos aproximamos de um lugar perigoso, se somos ameaçados na rua ou vemos alguém ferido, o corpo reage estimulando-nos a preservar nossa vida ou a do outro. Mesmo os animais têm esse instinto, seja quando fogem amedrontados, seja quando enfrentam os perigos que aparecem. O corpo tem consciência do valor da vida!

Mesmo conhecendo esse instinto, o entendimento sobre a vida humana varia em cada sociedade e cultura. Há compreensões diferentes a respeito de em que momento a vida começa, como deve ser vivida e quando e como deve acabar. Neste diálogo, vamos refletir sobre importantes temas da bioética, que nos ajudam com essas questões.

# Fragilidade x sabedoria

Se, por um lado, a vida é frágil, ela também faz grandes esforços para se manter. Note as plantas, que se adaptaram ao longo de gerações para sobreviver em ambientes muito secos ou muito úmidos, muito claros ou muito escuros, com o solo rico ou pobre. Para qualquer lugar que se olhe, mesmo quando as condições são desfavoráveis, a vida brota e "luta" ininterruptamente para se manter.

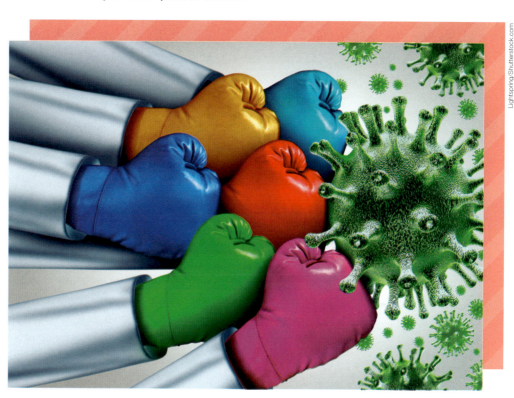

▶ O corpo reage diariamente aos ataques de bactérias, vírus e outros micróbios por meio do sistema imunológico. Essa complexa barreira é composta de milhões de células de diferentes tipos e com diferentes funções, responsáveis por garantir a defesa do organismo e manter o corpo funcionando livre de doenças. Entre as células de defesa estão os linfócitos T-CD4+, glóbulos brancos que organizam e comandam a resposta diante de agressores como o HIV, vírus causador da aids, e o HTLV, vírus causador de outro tipo de doença sexualmente transmissível.

Não é diferente com a vida humana. Às vezes, todas as condições são contrárias à existência de uma pessoa ou um grupo, mas ainda assim há adaptação, persistência. Existem povos que aprenderam a viver no deserto, nas florestas, nas montanhas, em ilhas... Assim como em meio à abundância, as pessoas também aprendem a viver na pobreza, na doença e na tristeza.

Respeitar e valorizar a vida é reconhecer que ela traz experiências únicas. E, no que quer que acreditemos, uma coisa é certa: aquele que se descuida da vida não tem como trazê-la de volta.

Por isso, o cuidado com a alimentação, a prática de atividades físicas, o desenvolvimento intelectual e emocional e o cuidado com nossa espiritualidade são tão importantes. Eles contribuem para que possamos viver com mais qualidade de vida, mais equilíbrio e harmonia com nós mesmos e com o mundo que nos cerca.

▶ Os inuítes, conhecidos erroneamente como esquimós, são os povos indígenas que habitam tradicionalmente regiões em torno do Círculo Polar Ártico, no extremo norte da Terra, como a Groenlândia e o norte do Alasca e do Canadá. Seu modo de vida tradicional inclui a pesca e a caça, retirando a gordura de baleias, focas e ursos para usar como alimento e combustível, além da coleta de bagas durante o verão. Trata-se de uma sociedade humana que se adaptou para manter a vida em um dos lugares mais inóspitos do planeta. Na fotografia, inuítes no Alasca, Estados Unidos.

## PARA LER E REFLETIR

### Bioética: questão candente

▶ A manipulação genética é uma das questões analisadas pela bioética. Na fotografia, cientista trabalha com manipulação genética de plantas em Cingapura.

A bioética faz claro recorte de preferência. Concentra-se sobretudo, como define muito bem o dicionário Aurélio, no "estudo dos problemas éticos suscitados pelas pesquisas biológicas e pelas suas aplicações por pesquisadores, médicos etc." O dicionário Houaiss precisa um pouco mais: "estudo dos problemas e implicações morais despertados pelas pesquisas científicas em Biologia e Medicina [A bioética abrange questões como a utilização de seres vivos em experimentos, a legitimidade moral do aborto ou da eutanásia, as implicações profundas da pesquisa e da prática no campo da genética etc.]".

Os problemas desafiantes com respeito à manipulação da vida nos inícios **tangenciam** a bioética. A biogenética tem se desenvolvido muito e levantado questões agudas para a ética. David Le Breton aborda, com extremo realismo, as questões da fecundação *in vitro*, da construção do útero artificial, da pretensão de um dia conseguir-se produzir química e artificialmente um ser humano sem precisar do corpo do homem e da mulher. [...]

Outro setor inquietante toca a eutanásia. O filme *Mar adentro* lançou, no grande público, a questão do direito de escolher a própria morte de maneira assistida. A moral católica tem trabalhado com a distinção entre eutanásia e ortotanásia. Considera a primeira contra a moral por ser um ato diretamente dirigido a tirar a vida; a segunda, pelo contrário, simplesmente se abstém de usar métodos extraordinários de medicamentos e aparelhos para manter a vida, e deixa a doença seguir o percurso natural para a morte.

LIBANIO, João Batista. *A ética do cotidiano*. São Paulo: Paulinas, 2015. p. 21-23.

**Suscitar:** fazer aparecer; provocar, originar.

**Tangenciar:** passar perto.

### MOMENTO de PROSA

**01** Por que podemos afirmar que a vida é frágil e ao mesmo tempo muito sábia?

**02** Como podemos definir bioética?

**03** Qual é a relação entre segurança, cuidado e vida saudável?

# AMPLIANDO O CONHECIMENTO
## Autoconhecimento

### Consciência

"A felicidade consiste em valorizar o que se tem" (Helen Keller).

Outra característica compartilhada pelas pessoas que se declaram felizes é sua capacidade de valorizar e desfrutar o que têm; a consciência do valor daquilo que se tem e das pequenas grandes alegrias que a vida proporciona. E não nos referimos à posse de bens materiais, que mais do que felicidade propiciam conforto, bem-estar ou prazer. Ao contrário, a felicidade parece advir da tomada de consciência daquilo que é óbvio e que, precisamente por isso, devemos destacar: estar bem de saúde, desfrutar de boas companhias, manter contato com a natureza, ter uma boa conversa, usufruir do privilégio de trabalhar em algo de que gostamos...

Na Grécia Antiga existia um conceito que, por desgraça, caiu em desuso com o passar do tempo: *obnosis*. A *obnosis* faz referência àquilo que é óbvio e que, **paradoxalmente**, acaba sendo obviado – ignorado. Obviamos o óbvio. Um exemplo simples seria dizer que sem um ar respirável morreríamos ou adoeceríamos. Mas talvez só comecemos a dar valor ao fato de termos acesso a um ar respirável no dia em que tivermos de pagar para respirar, quando os Estados precisarem financiar suas políticas ambientais cobrando um imposto **oneroso** sobre o nosso consumo de ar como cidadãos. Mas normalmente não nos damos conta disso. Talvez não esteja tão distante o dia em que perceberemos essa obviedade; isso acontecerá quando os Estados do mundo tiverem de financiar políticas ambientais para depurar as enormes quantidades não apenas de dióxido de carbono mas de outros agentes contaminantes que vertemos continuamente na atmosfera.

Voltando à consciência como fator-chave da felicidade, vale a pena abrir os olhos, aqui e agora, para perceber tudo o que nos rodeia e permite que nos sintamos felizes e agradecidos: as batidas de nosso coração, a saúde de nosso corpo, uma boa música, a existência de um ser querido ou um bom copo de água que sacia nossa sede.

ROVIRA, Álex. *A boa vida*: a arte de pensar positivo, cultivar a alegria e encontrar a felicidade nas pequenas coisas. Rio de Janeiro: Sextante, 2013. p. 31-33.

**Oneroso:** que gera muitos gastos, despesas.

**Paradoxalmente:** que envolve paradoxo, contradição; comportamento que contradiz os princípios que o deveriam reger.

## AMPLIANDO O CONHECIMENTO
### Bioética

Naturalmente você já deve ter se flagrado pensando onde começa e onde acaba a vida. No desenvolvimento de um feto, por exemplo, a partir de qual momento podemos dizer que surgiu uma nova vida? E para uma pessoa doente, o que determina que a vida terminou? A Biologia tem algumas respostas para essas questões, elaboradas com base em seus pressupostos e referenciais.

Para aqueles que estudam os embriões – os embriologistas –, é na terceira semana de gestação que a vida tem início. A partir desse momento, começa o processo de divisão celular e o embrião já teria uma individualidade. Por outro lado, neurologistas consideram que o início da vida acontece junto com a formação do cérebro e do sistema nervoso, na oitava semana de gravidez.

Alguns biólogos também defendem a teoria – menos aceita – de que a vida tem início quando o feto assume todas as condições de sustentar a própria vida. Assim, somente após a formação de todos os órgãos é que se poderia dizer que há uma nova vida. O problema é que, nesse estágio, considera-se que o feto já tem consciência e é capaz de sentir dor e sofrimento.

Outros defendem ainda que a vida começa com a própria fecundação do óvulo pelo espermatozoide. A partir desse momento, todas as condições para a formação da vida já estariam presentes, de forma que ela existe em potencial.

Para a morte, os critérios são igualmente difíceis. O mais aceito hoje é que a vida termina quando a atividade cerebral é interrompida, causando a cessação da consciência e das faculdades da razão. Apesar disso, o corpo não cessa suas funções todas de uma vez: é possível que, mesmo com a morte cerebral, outros órgãos continuem funcionando por algum tempo.

A vida nos aparece como algo extremamente complexo. À medida que as células se dividem, elas "entregam" a vida para suas réplicas.

Nossas células carregam a vida proveniente do espermatozoide e do óvulo de nossos pais, organizando-se de acordo com as informações genéticas que eles nos passam.

De certa forma, a vida é uma corrente entre pais e filhos.

Por isso mesmo, muitos biólogos e cientistas defendem que a questão tem de ser decidida no campo da moral e da ética, e não no da ciência.

▸ Debates sobre o início e o fim da vida permeiam a sociedade e são temas de profunda reflexão em diferentes grupos, como a comunidade científica e a comunidade religiosa.

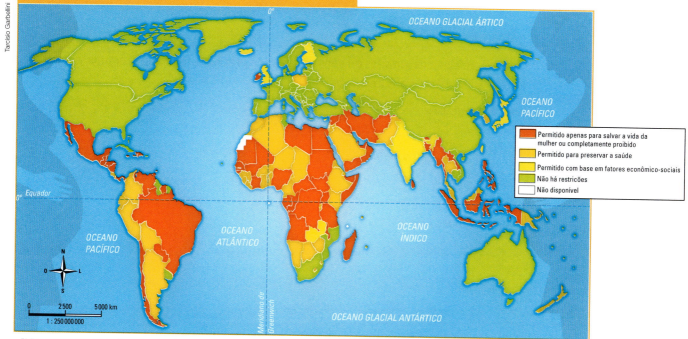

**1.** O que podemos refletir após a leitura do mapa sobre as leis do aborto?

**2.** Por que é importante tomar decisões sobre o aborto utilizando como referência o campo da moral e da ética?

## MOMENTO DE REFLEXÃO

**1.** Liste algumas atitudes ou hábitos que você precisa cultivar para ter uma vida saudável em relação aos itens a seguir.

**a)** alimentação

**b)** atividades físicas

**c)** descanso

**d)** crescimento pessoal/aprendizado diário

**e)** cuidados com a convivência familiar

**f)** convivência com os amigos

**g)** afetividade/aprendizado no amor

154

## DINÂMICA DE GRUPO

1. Em grupo, façam uma breve pesquisa sobre cada um dos conceitos a seguir e os dilemas éticos que os envolvem. Anotem suas conclusões no caderno.

a) experimentos em animais
b) aborto
c) eutanásia
d) ortotanásia
e) pesquisa genética
f) fecundação *in vitro*

2. Individualmente, escolha apenas um desses conceitos e registre sua posição a respeito dele. Justifique por que o conceito escolhido constitui um ato de respeito e valorização ou de desrespeito e desvalorização da vida.

### COMPROMISSO DA SEMANA

Meu compromisso esta semana é pesquisar e criar frases que representem a valorização da vida. Adicionarei também imagens que evoquem sentimentos positivos em relação à vida. Utilizarei esse material para criar uma campanha de valorização da vida, em minha escola, na próxima semana.

### MEUS PENSAMENTOS

*Anote aqui o que mais marcou você durante as reflexões deste Diálogo (uma ideia, um desejo, um sentimento, uma descoberta, uma proposta...).*

*Caso queira, aproveite a oportunidade e ilustre seus sentimentos.*

## DIÁLOGO 18
# Perda, uma realidade

▶ O *Día de los Muertos* é uma tradição do México e alguns países da América Central, que celebram de maneira festiva o Dia de Finados, misturando ritos católicos aos cultos dos povos pré-colombianos que habitavam anteriormente a região. Segundo a crença popular, os mortos retornam dos túmulos para visitar os vivos, sendo recebidos com altares, oferendas, alimentos e as famosas *cavaleras* (caveiras artisticamente decoradas).

## Convivendo com a perda

Quando falamos de vida, temos que lembrar que ela é a somatória de momentos bons e felizes e de momentos ruins e tristes. Sabemos que não importa quanto cuidado tenhamos, faz parte da natureza que todos, um dia, deixem de viver. Esse fato nos traz incertezas sobre o futuro, sobre o que há ou se há um depois. Essas são questões às quais cada um deve buscar responder de acordo com sua própria crença e fé.

Quem perde um ente querido precisa de cuidados, de apoio e aconchego. Aqueles que se vão encontrarão a resposta, mas aos que ficam sobram as dúvidas e a saudade. Esses sentimentos são difíceis de vivenciar e abalam muito nossas emoções. A esse período de dor e aprendizado damos o nome de luto.

## Diferentes momentos do luto

O luto é um momento de interiorização, de reflexão sobre a relação que tínhamos com quem perdemos, sobre a importância que a pessoa tinha para nós. Nesse momento, pensamos muito sobre a fragilidade da vida e, às vezes, até duvidamos de seu sentido. Isso é normal e compreensível. Essa fase é dolorosa, mas precisa ser vivida. É preciso sentir a perda, passar pela dor, dividi-la com as pessoas ao redor, despedir-se. Nesse momento, de nada adianta fugir. É preciso encarar a dor, mas com dignidade.

▶ O carinho e a solidariedade ajudam a suportar a dor da perda de uma pessoa querida.

▶ É importante dar espaço para que a pessoa de luto possa lidar com a própria dor, mas também mostrar-se presente para o que ela necessitar.

O momento de perda deve ser uma fase de companheirismo e compreensão. Outras pessoas de sua convivência também estão sofrendo, e todos necessitam de um ombro amigo, de apoio. É hora de abraçar, de estar presente, de escutar o que o outro tem a dizer. Vale lembrar também que o luto pode durar dias, semanas, meses. E a presença de um amigo significa o mesmo que dizer: "Você não está só".

Vivenciando a perda, percebemos o quanto a vida tem valor e nos damos conta do vazio deixado por quem partiu, que, muitas vezes, jamais será preenchido. Mas aos poucos ele vai sendo ocupado pelas boas lembranças, pelas memórias, e assim podemos seguir adiante. Gradualmente os sentimentos se abrandam e vemos a vida sob nova perspectiva, valorizando mais tudo que se refere a ela.

**Quarto Momento** | Cuidado e valorização da vida

# PARA LER E REFLETIR

[...]

A psicóloga Juliana Batista, do HCor (Hospital do Coração), em São Paulo, explica que todo processo de luto tem um começo, um meio e um fim.

"Diversas reações emocionais são despertadas [com a morte de alguém], como tristeza, ansiedade, culpa e raiva. Isso é muito comum. A pessoa também pode, num primeiro momento, querer se isolar do convívio social. Em relação às alterações físicas, podem ocorrer sudorese, palpitação e fraqueza, já que o corpo fica sob estresse. A reação varia de pessoa para pessoa, mas não há como evitar o processo de luto."

Todo mundo se pergunta quanto tempo esse processo vai durar. [...] Na verdade, não existe um tempo certo para superar a perda de alguém, isso depende de cada pessoa, do modo como ela enfrenta e aceita a situação. Para alguns pode demorar meses, para outros, anos. [...]

Quando por algum motivo o indivíduo não consegue passar por essa fase, ele entra no chamado "luto complicado". Geralmente, isso acontece com pessoas que perderam entes de maneira abrupta, como em acidentes, tragédias e casos de suicídio e na morte precoce de um filho. "Nesses casos, todo pensamento e ato estarão associados à perda, a pessoa não consegue se desligar. Ela deixa de realizar as atividades costumeiras, como ir ao trabalho e ao supermercado. O problema é que, diante de um enlutado crônico, muitas vezes as pessoas querem medicá-lo para sanar os sintomas quando, na verdade, ele precisa ser ouvido", completa a médica. [...]

CONTE, Juliana. Quando o luto se transforma em doença. *Drauzio*, São Paulo, 22 set. 2014. Disponível em: http://drauziovarella.com.br/noticias/quando-o-luto-se-transforma-em-doenca. Acesso em: 17 nov. 2020.

**1.** Em seu caderno, registre em quais valores você acha que podemos nos apoiar para vivenciar um momento de perda.

## MOMENTO de PROSA

**01** O que é o luto? Qual é a melhor forma de vivenciá-lo?

**02** O que caracteriza o fim do tempo de luto?

**03** O que caracteriza um "luto complicado"? O que as pessoas podem fazer para ajudar alguém nessa situação?

# AMPLIANDO O CONHECIMENTO

### Cultura e religiosidade

▶ Santo Agostinho. *A Trindade e os Santos no Paraíso*, ca. 1440-1470. Têmpera e folha de ouro sobre velino, assentada sobre painel de madeira, 178 mm × 222 mm. França, Paris; estilo de Maître François.

## Morrer faz parte do viver?

Qual é o sentido do Dia de Finados?

Desde o século V, a Igreja já dedicava um dia por ano para rezar pelos finados, principalmente aqueles pelos quais ninguém reza nem se lembra. Assim, no dia 2 de novembro recordamos os finados, aqueles que chegaram ao fim do seu tempo na Terra. Esse dia foi instituído no século XIII para recordar que, depois do dia primeiro de novembro, quando a Igreja celebra todos os santos, deve-se rezar por todos os falecidos. O Dia de Todos os Santos celebra os que morreram em estado de graça, canonizados ou não pela Igreja. O Dia de Finados celebra a multidão dos que morreram e não são lembrados na oração de seus familiares e amigos [...].

Qual o significado...

... das flores que depositamos no cemitério?

O costume de levar flores aos túmulos recorda que a fé dos cristãos é marcada pela esperança da feliz ressurreição. Acredita-se que os justos florescerão no jardim de Deus. Os falecidos não recebem as flores, mas nossa saudade e amor fazem recordar que eles vivem em Deus e, assim, a dor se transforma em amor. Enfeitar os túmulos expressa saudade, gratidão, homenagem, mas, acima de tudo, fé na ressurreição.

... das velas que acendemos junto ao túmulo?

Neste mundo, o amor vivido é chama que não se apaga. Seu testemunho fica como uma luz acesa no coração de quem continua a caminhada. Esse é o significado das velas acesas nos túmulos. Afinal, nossos irmãos não se "apagaram". Eles brilham diante do Deus da Luz. As velas não têm utilidade para os falecidos, mas renovam nossa fé na luz da ressurreição. [...]

BRUSTOLIN, Leomar A. *Como será depois?* O sentido de viver e morrer na tradição cristã. São Paulo: Paulinas, 2015. p. 42 e 44.

**Agnóstico:** pessoa que considera impossível conhecer ou compreender a realidade das questões da fé religiosa por não serem passíveis de análise e comprovação racional ou científica.

**Ateu:** pessoa que não crê na existência de Deus ou de deuses em geral.

Reforçamos sempre que a fé de cada um é pessoal e que ninguém deve escolher ter uma religião, ser **ateu** ou **agnóstico** senão por sua própria vontade. É inegável, no entanto, que muitos dos rituais que cumprimos quando alguém próximo falece são provenientes da fé cristã.

# PARA LER E REFLETIR

### A virtude do sofrimento

É muito tentador querer permanecer forte e saudável, nunca sofrer com nenhuma dor de cabeça. Muitos de nós esperamos nunca sermos obrigados a encontrar sérias dificuldades ou desafios na vida. Porém, pela minha própria experiência, eu digo que, se não tivesse encontrado grandes dificuldades e sofrimento, não teria tido a chance de avançar em meu caminho espiritual; nunca teria tido a chance de curar, transformar e alcançar uma paz tão profunda, com tamanha alegria e liberdade. Sem experimentar o sofrimento, como gerar compreensão e compaixão? A compaixão nasce de entender o sofrimento, e sem entendimento e compaixão não podemos ser pessoas felizes.

Eu me preocupo profundamente com meus alunos, mas não gostaria de enviá-los a uma espécie de paraíso ou lugar sem sofrimento. Não podemos criar a felicidade em lugar onde não existe o sofrimento, assim como não podemos gerar **lótus** onde não existe lama. A felicidade e a paz nascem da transformação da dor e do sofrimento. Se não existe lama, como uma lótus crescerá? Lótus não brotam em mármore.

NHAT HANH, Thich. *A arte de viver*. Rio de Janeiro: HarperCollins, 2018. p. 198.

**Lótus:** a flor de lótus é uma espécie aquática considerada sagrada em muitas culturas, especialmente no Japão, na Índia e no Egito. Embora seja muito bela na superfície, geralmente ela brota no lodo, que representaria as dificuldades da vida material, enquanto o lótus representaria o desenvolvimento espiritual.

1. Como você encara o sofrimento no dia a dia? Você o vê como uma oportunidade de aprendizagem?

2. Como você lida com os momentos de sofrimento? Sente-se à vontade para se expressar e busca apoio em outras pessoas?

160

## MOMENTO DE REFLEXÃO

1. Estabeleça a relação entre a experiência do luto e o cuidado.

2. O monge Thich Nhat Hanh afirma que, sem experimentar o sofrimento, não há como ter compreensão e compaixão. Como você explica essa afirmação?

3. O que podemos fazer por um amigo que esteja vivendo um período de luto?

4. Você acha que a fé pode nos ajudar a enfrentar o sofrimento causado pela perda de um ente querido?

## COMPROMISSO DA SEMANA

Meu compromisso esta semana é ser grato pelas pessoas e pela vida. Vou aprender a construir a felicidade com pequenas coisas e ser mais feliz. Vou valorizar quem está ao meu lado, consciente de que a vida e as pessoas passam.

### MEUS PENSAMENTOS

*Anote aqui o que mais marcou você durante as reflexões deste Diálogo (uma ideia, um desejo, um sentimento, uma descoberta, uma proposta...).*

*Caso queira, aproveite a oportunidade e ilustre seus sentimentos.*

## DIÁLOGO 19
# Amor: essência da vida

▶ O amor aflora diversas virtudes, entre elas a dedicação a quem se ama. Na fotografia, casal em Botswana.

## Amar é cuidar

Como você deve saber, existem várias formas de amor: é possível amar o namorado ou a namorada, os pais, os irmãos, os familiares, os amigos, a natureza, os animais de estimação... E o mais importante: amar a si mesmo, pois quem não se ama não é capaz de amar ninguém. Esse amor é o que chamamos de autoestima.

Entre pais e filhos, o amor se revela no cuidado com o aprendizado, com a saúde, na proteção diária, na partilha do afeto. Entre amigos, ele se manifesta no companheirismo, na gratidão pela companhia, pela tolerância, pelos bons momentos, pela amizade. Entre namorados ou cônjuges, o amor se manifesta principalmente por meio do respeito, da troca de carinhos, da lealdade e da presença na vida um do outro.

### MOMENTO de PROSA

**01** Por que o amor a si próprio é tão importante para que possamos vivenciar outros amores?

Quarto Momento | Cuidado e valorização da vida

## Mas o que é o amor?

O amor é a forma suprema do cuidado e deve estar sempre acompanhado do respeito e da confiança. Isso porque ele é um sentimento muito delicado, e pode ser facilmente ferido por um gesto irresponsável ou uma atitude desrespeitosa. O controle de nossos sentimentos é muito importante, pois ninguém é dono de ninguém e não temos o direito de controlar a vida daqueles que amamos. Devemos zelar, a todo momento, para que nosso afeto não se transforme em ressentimento, ciúme ou desejo de posse da pessoa amada.

▶ Amor é confiança e entrega.

▶ Amor é segurança e admiração.

O amor é um sentimento tão necessário que deveríamos amar a tudo e a todos. No dia em que todos compreenderem que tudo, animais, plantas e pessoas – de diferentes religiões, origens e etnias – deve ser amado, o mundo será muito melhor para todos.

Veja o que a Bíblia dos cristãos diz sobre o amor:

Ainda que eu tivesse o dom da profecia, o conhecimento de todos os mistérios e de toda a ciência; ainda que eu tivesse toda fé, a ponto de transportar montanhas, se não tivesse o amor, eu não seria nada. Ainda que eu distribuísse todos os meus bens aos famintos, ainda que entregasse o meu corpo às chamas, se não tivesse amor, nada disso me adiantaria. O amor é paciente, o amor é prestativo; não é invejoso, não se ostenta, não se incha de orgulho. Nada faz de inconveniente, não procura seu próprio interesse, não se irrita, não guarda rancor. Não se alegra com a injustiça, mas se regozija com a verdade. Tudo desculpa, tudo crê, tudo espera, tudo suporta. [...]

CORÍNTIOS 13:2-8. *In*: BÍBLIA. São Paulo: Paulus, 1990. p. 1406.

# PARA
# LER E REFLETIR

O amor cria laços envolventes numa relação, acrescenta um sentido de valor e de bondade à vida. **O amor é a força que nutre o crescimento; é o brilho do sol e é a semente, mas não é o próprio crescimento.** Para crescermos, precisamos do solo e da chuva, e das sementes do amor. O amor resiste às crises, às tragédias, às mudanças do tempo; é também a fonte de outros mananciais; lágrimas e risos, medo e coragem, raiva e alegria, inquietação e sossego. Portanto, o amor é completo por si só, enquanto outras qualidades necessitam de sua presença para terem um sentido de valor.

[...] Reconhecer e aceitar a singularidade do outro significa respeitá-lo como uma pessoa com direito a seu próprio valor e à sua independência. Essa atitude é incompatível com qualquer ideia de possessividade ou com qualquer tendência de usar o outro como meio para um fim – seja sob a forma de exploração, dominação ou qualquer outra.

**Em outras palavras, é incompatível com a natureza do amor tentar reduzir a pessoa amada a um "item no mundo pessoal de alguém"**, ou tentar fazê-la cumprir com alguma exigência, ou tentar exercer poder sobre ela, em qualquer circunstância. [...]

MOUSTAKAS, Clark E. *Descobrindo o eu e o outro*. Belo Horizonte: Crescer, 1995. p. 113,114 e 120. (Grifos nossos).

**1.** Troque ideias sobre o texto com os colegas. Dê atenção especial às frases que estão em destaque.

**2.** Por que podemos dizer que o amor é completo por si só?

**3.** O que significa "possessividade"? Qual é a relação entre esse sentimento e o amor?

## O QUE FAZ A DIFERENÇA

Armandinho, de Alexandre Beck

Como vimos no início deste Diálogo, o amor traz muitas experiências positivas, mas também pode ter alguns momentos de crise, conflito e discórdia. Para que esses momentos sejam evitados e seja possível construir uma relação harmoniosa, é necessário colocar o cuidado em primeiro lugar e aprender o autocontrole, a alteridade e a tolerância.

É muito importante que você saiba reconhecer, por exemplo, o que é mais importante para as pessoas que ama – seja o amor de família, de amigos, seja o amor entre casais. Da mesma forma, é muito importante que você também saiba demonstrar com clareza o que é essencial para você, de forma que quem está a seu lado "conheça o terreno em que está pisando".

Se houver discussões e desentendimentos, saiba que "ganhar a discussão" não é o mais importante. Os sentimentos de uma pessoa nem sempre são racionais e, às vezes, mesmo que alguém não tenha razão, o simples ato de considerar e buscar conhecer seus sentimentos é suficiente para resolver um problema.

Se você aceitar que não precisa ganhar uma discussão, mas apenas tornar o convívio com quem está ao seu lado melhor, perceberá que o mais importante é conversar sobre o que originou o problema e chegar a um entendimento, evitando assim que o conflito se repita. Não é necessário medir forças reavivando problemas do passado, estabelecendo comparações ou fazendo "contas" de quem errou mais.

Saiba continuar buscando seus próprios objetivos, viva suas amizades e não se afaste de sua família. Procure ajudar os outros e se alegre com as conquistas deles, mesmo que elas não sejam objetivos de vida para você. Seja sempre gentil; lembre-se de elogiar o outro por suas conquistas, por seu desenvolvimento pessoal. Essas são atitudes de quem sabe amar.

E, por fim, lembre-se de que amor, respeito e lealdade caminham juntos. Não importam os problemas que enfrentarão, duas pessoas que se amam sempre encontram forças para vencer os obstáculos. Nunca deve haver justificativas para que a violência, a intolerância e o desrespeito tomem conta da relação entre duas pessoas que se querem bem. Amar é cultivar a alegria, a harmonia e a paz.

**Dicas para uma convivência harmoniosa**

1. Conheça, valorize e incentive os objetivos e sonhos do outro.
2. Saiba ouvir com atenção e empatia, sempre se colocando no lugar do outro.
3. Estabeleça o respeito como base do relacionamento, preservando-o, mesmo em situações de conflito.

## MOMENTO DE REFLEXÃO

1. O que significa respeitar a singularidade do outro?

2. Como você percebeu, o amor é um aprendizado constante. Liste cinco atitudes que podem nos ajudar a vivenciar o amor e a viver com mais equilíbrio, harmonia e paz ao lado das pessoas que amamos.

3. Existe alguma limitação que, no momento, impeça você de vivenciar o amor com inteireza, equilíbrio e tranquilidade? Qual?

4. Qual é a importância do cuidado na relação amorosa?

## PENSE NISSO

Invista em você. Procure ajuda, lute por sua felicidade, aprenda a amar cada dia um pouco mais.

O resultado será positivo: você colherá os frutos. Seja feliz!

## COMPROMISSO DA SEMANA

Meu compromisso esta semana é cuidar das pessoas que amo: vou demonstrar isso com palavras e atitudes, em casa, na escola, com meus amigos e familiares.

### MEUS PENSAMENTOS

*Anote aqui o que mais marcou você durante as reflexões deste Diálogo (uma ideia, um desejo, um sentimento, uma descoberta, uma proposta...).*

*Caso queira, aproveite a oportunidade e ilustre seus sentimentos.*

# DIÁLOGO 20
# Gratidão: celebração da vida

▶ A maneira de cada pessoa manifestar gratidão é individual. O importante é não deixar de senti-la e vivê-la.

## Ser grato

A gratidão é um importante valor do ser humano. Uma pessoa realmente grata sabe valorizar tudo que possui – a família, a casa onde mora, os amigos, o estudo, o trabalho, o mundo que a cerca – e o que a vida lhe oferece diariamente.

Agradecer é um ato de libertação, de cura. Quando vivenciamos a gratidão, descansamos e nos distanciamos das dores emocionais: tristeza, solidão, ansiedade... A prática da gratidão nos traz ânimo, equilíbrio, prazer de viver; nos faz mais generosos e atenciosos com o outro. Ela nos propicia a energia necessária para caminharmos em direção aos nossos objetivos e sonhos.

Ser grato é um dos caminhos para ser mais realizado e feliz. A habilidade de sentir e expressar gratidão contribui para uma melhor qualidade de vida, reforçando nossa saúde física e mental.

Pessoas gratas são mais empáticas, alegres e bem-humoradas. Nós as queremos perto de nós, pois elas enriquecem nossa vida.

Precisamos aprender a agradecer, de coração, pela vida, pela saúde, pelo dia que amanhece, pelo dia que se foi, pela noite de sono, pelo lazer, pelo aprendizado de cada dia, pela família, pelo pão e pela água, pelos amigos, pelos amores...

## PARA LER E REFLETIR

A gratidão nasce da consciência, e nela a memória desempenha um papel essencial. Por esse motivo, o ignorante é ingrato, uma vez que é incapaz de reconhecer o valor que se origina do outro. Porque a vaidade não vê qualquer relevância na gratidão. O vaidoso, o **narcisista** e o egoísta são ingratos. Em suma, são interesseiros: manifestam-na esperando maiores favores. Porque aquele que está encerrado em sua própria autossuficiência e nas **couraças** inconscientes de seus complexos não tem memória, não quer tê-la; logo, não precisa reconhecer uma graça. Não porque não goste de receber, mas porque a gratidão implica manifestar a presença do outro, o que não se encaixa em sua equação existencial.

No extremo oposto, o ser humano pode se sentir constrangido, comovido por tudo quanto recebe. É assim que experimenta a gratidão pela vida, pela saúde, pela existência do ser amado, pelo livro que revela, pela paisagem que o comove ou pela recordação que lhe dá sentido. Mas também sente gratidão pelas pequenas coisas que são grandes prazeres: a conversa amena, o gesto amável, o olhar cúmplice, a carícia quase imperceptível, mas desejada... [...]

Não pode haver gratidão sem humildade. Agradecemos àquilo de mais valioso que temos ao nosso redor antes de perdê-lo? Temos consciência de tudo aquilo por que vale a pena ser agradecido? Muito curioso é o mecanismo que as pessoas usam para dar valor ao que tinham justo quando estão prestes a perder tudo. Isso fica claro quando se trata da saúde. Quando não a temos, dizemos que é um dos bens mais sagrados, mas, quando nos sentimos saudáveis, raramente agradecemos ao nosso corpo sua imprescindível companhia.

ROVIRA, Álex. *A boa vida*: a arte de pensar positivo, cultivar a alegria e encontrar a felicidade nas pequenas coisas. Rio de Janeiro: Sextante, 2013. p. 88-90.

**Couraça:** no texto, o que serve de proteção, defesa.

**Narcisista:** diz-se de pessoa muito concentrada em si mesma, especialmente na própria imagem.

**1.** Qual é a relação entre gratidão e humildade?

170

## AMPLIANDO O CONHECIMENTO
*Neurociência*

### Os benefícios da gratidão: um sentimento que melhora a qualidade da vida

"A gratidão não é apenas a maior das virtudes mas a mãe de todas as outras", dizia o filósofo Cícero. Estudos mostram que cultivar o sentimento de gratidão pode aumentar os níveis de bem-estar e felicidade. Pensar na vida de maneira grata aumenta os níveis de energia, otimismo e simpatia.

[...] Estudos mostram que a gratidão não apenas pode ser cultivada deliberadamente como também pode aumentar os níveis de bem-estar e felicidade entre aqueles que a cultivam. Além disso, o pensamento de gratidão – e especialmente a expressão disso para outros – está associado ao aumento dos níveis de energia, otimismo e empatia.

*Dar graças diariamente pelo que você tem*

[...] A partir de hoje, implemente estas sugestões na sua vida diária: [...]

- Todos nós temos dias ruins, porque a vida não é perfeita. Coisas ruins acontecem o tempo todo. Quando a vida lhe dá um golpe, em vez de ruminar sobre a sua má sorte, use o tempo para escrever as coisas pelas quais você é grato atualmente. [...]
- Seja grato pelos desafios da vida, porque eles nos servem como lições e nos permitem crescer. Veja cada desafio como uma forma de aprender e construir uma vida melhor. [...]
- Por fim, ajude os outros. Toda vez que vir alguém menos afortunado, pense "Mas pela graça de Deus eu vou" e preste-lhe solidariedade, mesmo que seja apenas com um sorriso e uma palavra de encorajamento. Não precisa ser religioso para fazer isso; é apenas um reconhecimento de que você tem mais do que muitos. [...]

A vida é um presente. A liberdade é um dom. O emprego é um presente. Os amigos e entes queridos são presentes. Sua própria respiração neste momento é um presente. Visualizar a vida com olhos gratos dá um vislumbre de que a vida não lhe deve nada e permite que a gratidão ponha para funcionar sua humilde magia. Dê graças diariamente.

EQUIPE OÁSIS. Os benefícios da gratidão: um sentimento que melhora a qualidade da vida. *Brasil 247*, [s. l.], 20 ago. 2014. Disponível em: https://www.brasil247.com/oasis/os-beneficios-da-gratidao-um-sentimento-que-melhora-a-qualidade-da-vida. Acesso em: 18 nov. 2020.

**1.** Como você expressa gratidão no dia a dia?

## MOMENTO DE REFLEXÃO

**1.** Por que, em geral, as pessoas gratas são mais felizes?

___

**2.** Qual é a relação entre gratidão e cuidado?

___

**3.** Você já passou pela experiência de só perceber o real valor de alguém ou de uma coisa depois de perdê-la? Explique como foi.

___

**4.** Escreva cinco coisas importantes em sua vida, que causariam sofrimento se fossem perdidas, mas às quais você não tem dado o devido valor.

___

## DINÂMICA DE **GRUPO**

Faremos agora a dinâmica da gratidão. Veja as instruções.

1. Seguindo a orientação do professor, usando um papel e uma tesoura, faça um cartão no formato de coração. Pense sobre tudo que lhe ocorreu de bom ao longo deste ano e escreva nele o que você tem para agradecer agora. Entregue-o ao professor.

2. De mãos dadas com os colegas, formem uma grande roda.

3. Em seguida, formem dois círculos, um interno e outro externo, com o mesmo número de participantes, de maneira que um fique virado de frente para o outro.

4. Os círculos devem rodar em direções contrárias, um grupo para a direita e outro para a esquerda ao som de uma música, até que ela seja interrompida pelo professor.

5. Nesse momento, compartilhe com o colega à sua frente os motivos que você tem para ser grato pelo que lhe aconteceu ao longo deste ano.

6. Em seguida, cada aluno vai ao centro da roda e partilha com os colegas seu agradecimento. Escute com atenção o que cada um tem a dizer e tente guardar esse aprendizado sobre a gratidão.

7. Por fim, quando todos tiverem terminado, abrace cada um de seus colegas. Quando sentir vontade, agradeça durante o abraço pela presença dele em sua vida.

### **COMPROMISSO** DA SEMANA

Este é o último compromisso da semana desta jornada; então, vou fazer dele um compromisso para minha vida: valorizarei muito o que tenho – família, amigos, casa, objetos que uso e que me ajudam a viver melhor. Vou praticar a gratidão, principalmente pela minha vida, com tudo que ela me oferece de bom e bonito, todos os dias. Quero ser uma pessoa plena de gratidão.

### MEUS **PENSAMENTOS**

*Anote aqui o que mais marcou você durante as reflexões deste Diálogo (uma ideia, um desejo, um sentimento, uma descoberta, uma proposta...).*

## PARA SE INSPIRAR

### Livro

**O poder da gratidão,** de M. J. Ryan (Sextante).

Com um texto leve e recheado de histórias reais, M. J. Ryan ensina a resgatar o sentimento de gratidão para viver mais centrado no presente, diminuir nossa ânsia pelo consumo, criar relações sinceras e dar valor às coisas que realmente importam.

### Site

**Vamos falar sobre o luto.** Disponível em: http://vamosfalarsobreoluto.com.br. Acesso em: 17 nov. 2020.

Se você vive um momento de luto ou conhece alguém que está vivendo, saiba que existem projetos para apoiar pessoas nessa situação. Sugerimos que procure mais informações sobre esse período tão importante acessando o *site* indicado.

## Revivendo os diálogos

**01** Estabeleça a relação entre responsabilidade, cuidado e sexualidade.

**02** Para você, o que define o início e o término da vida? Das seguintes práticas, quais você acha que são aceitáveis diante do valor da vida: uso de pílula do dia seguinte, aborto, eutanásia, uso de células-tronco?

**03** Explique por que a gratidão e a humildade são valores que andam juntos. Expresse algumas coisas pelas quais você é grato.

**04** Como podemos identificar um "luto complicado"? Como os amigos podem ajudar nesse momento?

## Filmes

**P.S.: Eu te amo**, de Richard LaGravenese (125 min).

Holly é casada com Gerry, um engraçado irlandês por quem é completamente apaixonada. Quando Gerry morre, a vida de Holly também acaba. Em profunda depressão, ela descobre com surpresa que o marido deixou diversas cartas que buscam guiá-la no caminho da recuperação. É um filme que fala sobre o amor e o luto.

**Beleza oculta,** de David Frankel (97 min).

Howard entra em depressão após uma tragédia pessoal e passa a escrever cartas para a Morte, o Tempo e o Amor, algo que preocupa seus amigos. Mas o que parece impossível se torna realidade quando essas três partes do Universo decidem responder.

**05** Explique como os valores da gratidão e da humildade, que o autor Álex Rovira desenvolve na página 170, ajudam na celebração da vida.

**06** O texto da página 170 diz que o vaidoso, o egoísta e o narcisista não são capazes de serem gratos. Por quê?

**07** O que significa dizer que devemos buscar o consentimento nas interações sexuais?

**08** Quais reflexões deste livro mais ajudaram no seu crescimento pessoal? Justifique.

**QUERIDOS ESTUDANTES,**

Chegamos ao final da longa travessia do Ensino Fundamental. Esperamos ter contribuído para o seu crescimento e realização pessoal. Juntos, exploramos temas que devem tê-lo ajudado a refletir sobre os valores essenciais do cuidado.

No entanto, a grande travessia da vida continua. No Ensino Médio, você consolidará os conhecimentos que já adquiriu e continuará aprendendo. Respeite e ame a si mesmo a cada dia, procure conhecer-se sempre, com profundidade.

Faça de você um ser humano capaz de contribuir para que o mundo seja melhor para todos.

Para você, nosso afetuoso abraço. Desejamos que seja feliz e supere todos os obstáculos que surjam em seu caminho, sabendo que você é capaz e que a luz se faz na travessia.

*Margarida, Donizetti e Lucas*